JN084252

子平推命の真髄を
幻の原典から解き明かす

【詳解】真伝子平三命通變淵源

阿藤大昇 著

太玄社

まえがき

徐大昇の『通變淵源』、つまり『子平三命通變淵源』は久しく原本が欠本していましたが、七五七年ぶりに奇跡的に発見されました。実は、筆者は三〇年も前にこの書の存在を知り、何とかこの書の内容がつかめないか日夜研究を続けていました。それは、『通變淵源』の痕跡を次々と発見してつなげていけば、『通變淵源』に回帰できるのではないかと思ったからです。しかし、研究はそれほど簡単にはいきませんでした。それでも、明代末の『淵海子平』に書かれた『通變淵源』の筆跡をたどりながら少しずつ研究を進めました。今考えるとかなり無謀な研究方法であったと思われます。なぜなら、明代末の書籍の段階で、子平は多岐にわたる門派が存在し、いったいどれを根本にして見ていくべきかという問いに対して何の確証も得られていなかったからです。

この『通變淵源』に至る前には、次の資料が残されていました。

『李虚中命書三巻』　題周鬼谷子撰　唐李虚中注　按四庫據永楽大典本著録

『徐氏珞琭子賦二巻』　宋徐子平撰　按四庫據永楽大典本著録

この二書は現代においても読むことは可能であり、徐大昇もこの書などを基に自著の『通變淵源』を書いたのですが、当の原本が存在しなければ、その後どのように子平が展開していったかということを知る由がまったくありません。まさに徐大昇のこの書が子平研究の大きなカギを握っているのです。そして、子平学説はこの原本がないことを良いことに、勝手な解釈で理論武装してつくられたものや、伝統や歴史を無視したもの、秘伝と称して民心を惑わすものなど、根本がないまま混乱が混乱を呼び、今では子平とはいったい何者であったかすら解らない状態に陥っています。

本書は徐大昇が子平を現代に向けて初めて公に出版した『通變淵源』の筆跡をたどりながら、子平はどのような思想によってどのような術として存在し、なぜ作者の徐大昇がこの書を著したのか？　ということを可能な限り明らかにして、現代に徐大昇の子平真数の子平推命の真髄を伝えようとするものです。これによって現代の子平推命や四柱推命の研究者が襟を正し、原典の『子平三命通變淵源』に真剣に向き合うことを願って止みません。

読者の皆様には、本書の著者である阿藤大昇が僭越（せんえつ）ながら、子平真数の難解書である徐大昇の『通變淵源』の奥義の水先案内人を務めさせていただこうと思っています。よろしくお願いいたします。この徐大昇の子平真数こそがすべての垣根を越えて、読者が平等に子平推命を勉強できる唯一の子平の教科書であると確信しています。

この書が世に出ることを許してくれた太玄社の今井社長にお礼を述べると共に、同門の山道帰一氏には、入手困難な北宋の徐子平撰の貴重な資料を提供してくださったことに感謝の意を表します。そして、筆者が監修した『【正伝】子平推命の基礎』（太玄社）の著者である中西悠翠氏にも多くの支援と励ましをいただきましたことを、ここで感謝申し上げます。

二〇二〇年　令和二年 庚子歳　冬至の吉日　　東京に於いて阿藤　大昇記す

第1章　子平の探求

第2章　子平の歴史

第3章　命式の立て方と見方

第4章　子平三命通變淵源を読み解く

第5章　命式の判断方法

付録

本書の読み方

第1章では、筆者の子平研究における苦節三十年の山あり谷ありの経緯を記しました。第2章は、子平の文献を子平の創始者から探索し、宋元明代の時代においてはどのような文献が残され、子平はどのような形になっていったのかを論じました。

第3章では、徐大昇の『通變淵源』の原典が理解できるように、命式の立て方から基本的な用語の解説、子平の判断ができる段階にまで論及し、その後に続く原典購読がスムーズにいくような橋渡しをする内容を記しました。

第4章は、本書のメインテーマと言える『子平三命通變淵源』の原典を読み解いていきます。徐大昇が現代に伝えようとした真意をできるだけ正確に伝えられるように、徐大昇の言葉や言い回しを損なわないことに注意しながら翻訳しました。当時は、現在より豊かな言い回しを使っているので、我々にとっては、中国小説の映画を見ているように、日本語ではあまり馴染みのない言い回しが多く、十分な学習と理解にはかなりの時間を要するという欠点も生じ、これが現代において、我々が子平を学ぶ上の障害になっているのです。

また、この章の『喜忌篇』『継善篇』では、徐大昇の師匠から継承された子平の口訣集が詩賦の形で書かれていますから、その一詩、一賦を噛み締めて読み解くために、その秘訣の詩賦の訳と、筆者が今まで研究した子平命式の実例の解釈を対応させています。

本書の最後となる第5章では、実際に子平推命では何が占えるのか各セクション別に、例えば、自分の性格や容姿のこと、六親のこと、夫婦のこと、子供のこと、財産やお金のこと、仕事や出世のこと、健康のこと、幸せのこと、大運や年運の運勢の吉凶閑忙の見方を論じました。さらに、徐大昇の時代とはまったく異なった現代の環境が我々に与えている状態、特に人間の本当の幸せとは？　健康な人生とは？　それをつかむには何をすべきか？　どのような方法選択があるのか？　筆者が身をもって直接観察したありのままを素直に描きました。巻末には付録として、子平推命に必要な図表と鑑定に役立つと思われる子平の象意集をまとめておきました。

全編にわたって、筆者が道先案内人となって、初めて子平推命に触れる方にも子平の全体像と実態をつかみやすくしたつもりです。そして熟練の方々やプロの方々の鑑定用や開運アイテムとしても充分役立つものだと確信しています。子平真数と呼んだ徐大昇は、文学や小説といったジャンルでもなく、我々が生きている現代の人間の在り方を観察することが子平のテーマだと考えていました。子平のこの独特の思考は、日本の方々が学ばれて来た学習方法とは、まったく違った方向で教育されたものなので、馴染みがなく、戸惑う部分もあると思います。筆者ですら、術数である子平という特殊技能の全体像をつかむことは難しく、三十年の歳月を必要としたほどです。

これは日本に子平のようなジャンルを教える特別な教育機関もなく、真剣に研究する先人の学者も少なかったのも一因です。この子平術をマスターし、なおかつ、真剣に子平を研究する学者が現代に一人も輩出されなかったことが、日本における研究が遅れた原因といっても過言ではないでしょう。つまり学術とは、学問と技術の両輪によって成り立っており、子平も学問と技術の両輪が揃って初めて、人の運命を語ることができるものなのではないでしょうか。

第1章 子平の探求

子平研究と研鑽に三十年

筆者が子平に初めて興味を持ったのは、高校生の時でした。運命というものに漠然と興味を抱き、どうしたらそれを理解できるようになるのだろうか？　自問自答から始まった記憶があります。社会人になって上京してから運命学に関連する邦訳の書物を次々に読破しました。結果、蔵書は貯まる一方でしたが、一向に成果を見せません。その一方で、筆者自身の八字を四柱推命の占いで看てもらいましたが、ピンと来ることもありませんでした。

そんなとき一つの転機となったのが、友人と出掛けて台湾で出合った子平関係の資料、つまり原典の研究をはじめたことです。その後、日本、台湾、中国、アメリカに現存する子平資料を探し求めて数々の原書を読破し、研究熱はさらに深まっていきました。しかし子平の根本となる、徐大昇の『子平三命通變淵源』を発見するまでには至りませんでした。

もう一つの転機が、門派の子平との出合いでした。四柱推命の邦訳書を独学で読んだときには理解できなかったところも、門派のテキストを学んだことで理解できるようになったのです。門派のテキストは、ほとんどが秘伝の壁に閉じ込められていて高額な秘伝書を購入しなければ解けないようにプロテクトがかかっています。数多くの秘伝書を読破しても終わりが見えなかったため、子平の原典に回帰することで、自分の子平研究の立ち位置を取り戻したいと思い始めました。

その日から徐大昇の原典を復元する作業に取り掛かりました。当初は原テキストの復元を目指しましたが、作業は難航に難航を重ね、何か重要なものが欠落しているのではないかということをひしひしと感じつつも、現時点での研究成果をとりあえず発表することにしました。

　時を同じくして、香港で、徐大昇の『子平三命通變淵源』が出版されたことを知り、入手しようと日本の某中国書店に依頼しました。しかし、一向にその本は届かず、たまたま香港にいた友人に偶然連絡がとれ、現地で購入して筆者の元へ持って来てくれたのでした。徐大昇の『通變淵源』の目録はすでに香港の書店サイトで確認済みだったので、おおよその予想はしていましたが、予想に反してとてもシンプルな内容でした。そしてその本には驚くことに原著者の徐大昇自身が書いた「序と跋」、つまり「まえがきとあとがき」が記されていたのです。今まで子平の原典書籍で原著者が書いたまえがきを見たことがなかったので、その衝撃は言葉にできないものでした。子平書籍のほとんどが孫引きの誰の編集かも解らないものばかりで、伝説的な人物を撰者に仕立てているものばかりでしたから。初めて本物の、それも子平術を極めた当の本人の書が読めたことは、筆者の子平研究人生において大きな発見と収穫になりました。なぜなら、その内容を精読していくうちに、数々の未知で新しい子平学説の発見と、徐大昇の子平術の素晴らしさを改めて知ったからです。

　この書は子平術の真髄がほぼすべて散りばめられているので、個人が私蔵するものではなく、公に発表しなければならないと切に思いました。そして、筆者が今まで研究した子平は全体の三分の一くらいのものでしかなく、残りの三分の二は、手つかずの状態であることもわかりました。つまり、筆者を含めた一般の人々が認識していた子平推命や四柱推命は、徐大昇の子平真数から見たら、不完全な見せかけのものにすぎなかったのです。

　徐大昇以前の唐代の『李虚中命書』や李虚中の『玉井奥訣』には、すでに子平の基本理論は構築されていましたが、その子平学説を分類整理し、誤った部分や完成されていない学説の矛盾を正すという意味で、徐大昇は『通變淵源』を著したのではないかと推測されます。そして徐大昇の『通變淵源』は、徐子平から伝わる子平推命一派の占術方法の実体を明らかにしたものであり、中国初の子平推命の秘伝書が誕生していたのだと見ています。

この子平という呼び方は、徐大昇の書籍からであり、子平によって三命を行うことだとしています。筆者が最近発見した三命書の『續集星命總括新集』には、徐大昇以前の三命によって八字を解釈する見方が書かれていますが、これこそが三命と子平を分かつ決め手となった書物であると感じざるをえません。

『通變淵源』のテキスト構成

徐大昇の『子平三命通變淵源』は上下二巻で、以下のような構成になっています。

子平三命通變淵源序
巻之上
天干通變圖　地支造化圖　起法
天徳　月徳　定寅時歌
十悪大敗日　定真論　喜忌篇
繼善篇
看命入式
正官　偏官　正財
偏財　雜氣　日貴

拱禄　拱貴　金神
日刃　陽刃　印綬
傷官　日徳　魁剛
時墓

巻之下

十八格

正官格　雑氣財官格　月上偏官格
時偏財格　時上一位貴格　飛天禄馬格
倒衝格　乙己鼠貴格　合禄格
子遥巳格　丑遥巳格　壬騎龍背格
井攔叉格　歸禄格　六陰朝陽格
刑合格　拱禄拱貴格　印綬格
雑氣印綬格

跋

上巻の最初にまえがきがあり、天干通変図には日主と四柱の年月や時から通変星を出して格局を求める方法が書かれています。地支造化図には月支蔵干や地支に配当する五行を論じています。さらに、ここにも格局を求める注意点が書かれています。

起法には年を本に、月、日を主に、時の四柱に大運と流年を併せて見る方法が書かれています。天徳と月徳は神殺の出し方と神殺の判断の方法が書かれていて、ここで神殺の詳しい見方が論じられています。定寅時歌は季節毎の寅時の決定方法を論じて、十悪大敗日では不吉な日の擇日を行っています。

そして定真論には、年を主として論じる六十花甲、例えば生まれた年の甲子は海中金といった見方で看たら億万の富貴が同じになってしまう、月は兄弟を表して火命が酉戌亥子月に生まれると兄弟から得力を得られない、日は妻を表して日支が空刑剋殺の地に在れば妻妾を剋す、時は子息を表して時支に十二長生の死絶の郷が臨めば子供が少ない、といったことは、子平の理論を知らない傾世の術士が扱う占い方だと批判を加えています。

喜忌篇、継善篇の賦では、子平の基本的な見方や特殊な命式が論じられ、そこには地支造化図で導き出された徐大昇オリジナルの支中所蔵の干の各日数が大局を占めていて、それによって十八の格局が導き出されています。喜忌篇の最後に古聖人の遺書を略敷して今賢の博覧を要約したとあります。

看命入式には正官から始まる通変星の格局の取り方と意味と判断方法が書かれています。

紙数の関係で本書では取り上げなかった下巻の十八格には、当時実際に存在した人物の四柱の命譜を並べて貴格に入局するのか、または破局するのかの条件を決めて、格局を減点して成敗を論じ、最後の実例では、徐大昇自説の実際の鑑定も行っています。最後の跋（あとがき）にこの本の書かれた経緯と十八格の由来が書かれています。この十八格の命譜（実例）の年代は、南宋初期の一一二七年前後と筆者は推定しました。

この十八格については、改めて書き記したいと思っています。

『淵海子平』のテキストとは？

徐大昇の『通變淵源』は、まえがきにも書きましたが、どのくらいの間、原本が欠本していたのでしょうか？　子平のテキストを真摯に考察する研究者や学者は少なく、一般の書店で買えるテキストを原典として用いている研究者ばかりが多く、しかも秘伝的写本を根本とする子平研究者まで現れてしまっては、何が正しい原典なのか皆目見当がつきません。筆者が原典の目録を調べていった過程で、すでに元代に元テキストが失われてしまった可能性があることがわかっています。

徐大昇は南宋の時代の人で、『通變淵源』は、徐大昇の跋に「寶祐字元良月望日」とあり、寶祐元年は今から七五七年前の一二五三年に書かれています。それからわずか五四年後に元代の李欽が改訂を行い『子平三命淵源註一巻』が著されています。この書は天一閣の蔵本として書評が残っております。それから二一〇年後に今回香港で出版された『三車一覧子平淵源註解』のテキストが現代に現れたのです。そしてその付録として『子平三命通變淵源』も一緒に発見されたのです。

この書は韓国の高麗大学の蔵書でしたが、木版本で出版されており、数頁が欠落していました。そして日本の静嘉堂文庫で発見された『通變淵源』は写本で完全な状態のものだったようです。ゆえに目録にさえ、その書の存在は明記されておりませんでした。その二つのテキストを併せて一冊の本として奇跡的に現代に復刻されたのが上記の書です。筆者にとっては、まさに奇跡的な出来事だったわけです。

徐大昇の『通變淵源』のテキストは次のような流れで出版されました。

『子平三命通變淵源上下二巻』宋　徐大昇撰　寶祐十月（南宋寶祐元年、一二五三年）

←

『子平三命淵源註一巻』天一閣蔵本　元李欽夫撰　大徳丁未孟冬朔日（一三〇七年）

←

『三命総亀淵源集註（さんめいそうきえんげんしゅうちゅう）』明呂固註　時徳正丁丑冬十二月朔日（一五一七年）

そして明代の楊淙が編集した『星學正傳（萬曆十年、一五八二年）』に『子平淵海』と『淵源』の引用がありますが、『子平淵海』に関しては、はたして徐大昇の著作であったかどうか疑問が残ります。明らかに引用されている部分である『通變淵源』の十八格は、「子平格解」に編集されて、「子平格解」は内格と外格に分かれています。このうち、内格の部分が徐大昇の十八格にあたりますが、原型は部分的に残っているとはいえ全面改訂されているため、どれが初期バージョンなのかさえもまったくわかりません。「看命入式」も全面改訂されていて初期バージョンがどのようなものであったか見当もつかない状態です。そして徐大昇の『通變淵源』の出版年代から数えて四〇〇年後に一般の人々が知ることになったのが以下の二つの淵海子平本です。

『刻京臺增補淵海子平六巻』欽天監　宗徳郎李欽増補　明萬曆三十四丙午歳春月（一六〇六年）

『新刊合併官板音義評註淵海子平五巻』宋銭塘東齊徐升編　明楊淙増崇禎七年（一六三四年）

※このテキストの前に明嘉靖二十七年（一五四八年）のテキストも現存しているようです。

南宋の徐大昇から元の李欽が増補したテキストが、明代に徐大昇の『通變淵源』と『子平淵海』を合併した二種の『淵海子平』として現存しています。『淵海子平』に合併される前に、明の楊淙撰『星學正傳』には『子平淵海』と『淵源』のテキストが引用されていて、同じく楊淙増校の『淵海子平音義評註』のテキストにも同じように『淵海』『淵源』の記載が残されています。

両テキストに共通するのは、『通變淵源』のテキストを骨組みにしながら徐大昇が子平において言わんとした肝心なところがまったく違ったものに塗り替えられていることです。その根本的な要因は、『通變淵源』が欠本となり、李欽の『子平三命淵源註一巻』を子平淵源のテキストとして後世の研究者が原典欠落した事実を隠しながら不完全な内容のまま子平を伝えようとしたことによると考えています。

特に嘆かわしいのは、『淵海子平』には、格局を求める方法が明確に定義されていないことと、格局を求める月支蔵干の配当がまったく違った（誤った）ものに塗り替えられてしまっていることです。具体的な格局の取り方を省略して表記のみだけ、つまり上辺だけが伝わり、肝心なその真の内容がまったく伝わっていないのです。ゆえに日本に本当の子平推命が伝来していなかったことは論より明らかです。筆者が三十数年の子平研究の中で理解に非常に苦しみ、矛盾と欺瞞を抱くほどに子平理論がねじ曲がっていたのも無理もありません。採用していたテキストが誤っていてはどんなに優れた研究者でも見誤ってしまうのは火を見るより明らかでしょう。

今後の研究課題は、『通變淵源』がどのような形で発展あるいは退歩していったかを見ていく必要があることです。鬼谷子(きこくし)から始まったとされる十二長生は、徐大昇の『子平淵海』の「五行原理消息賦」の中で紹介されています。『通變淵源』以前の鬼谷子撰の李虚中命書の『玉井奥訣』や『玉照真應真經（晋郭璞正文徐子平註）』や『天元秀氣巫咸經（珞琭子(らくろくし)作）』は現代にも伝えられています。

『星學正傳』には、『通変淵源』の前後の子平資料が編集されていますので、この書の中から見ていくと『子平淵海』の中にあったとされる、

「注解定真論」（この中にも十二長生の見方が書かれている）

「注解喜忌篇」（各篇の後に注釈された『歌云』に独特な解釈が見られる）

「注解継善篇」（各篇の後に注釈された『西江月詞』の中に独自な解釈が見られる）

「五行原理消息賦・玄機賦・相心賦」

が特質した内容として書かれています。

また、元、明代に書かれた資料として残された以下の

「子平百章歌」

「子平玄珠」

「碧淵賦（捷馳千里馬）・玄妙訣（千里馬）」

「醉醒子集」

「子平格解」

などは今後の研究課題となっていくことでしょう。

この中の『子平百章歌』に関して音義評註の淵海子平の表紙に詩訣を書き加えたとあり、子平百章歌等の子平詩は、徐大昇の著作ではなかったようです。そして音義評註の淵海子平は、唐錦池が『淵海』と『淵源』の二書を合併して注釈を加えたと表紙の次のページに記述されています。

正気の官星とは？

徐大昇の『通變淵源』は、正気の官星を最重要視しています。これは易の世応（せおう）に匹敵するものだと考えています。格局を求めるために財官を用神として考えるのは、通変星において官星と財星が一番大きな影響を与えるものだと見ているからです。そのために徐大昇は、『通變淵源』を著したといっても過言ではないでしょう。正気の官星は、命式の有無に関係なく、人によっては、善（福徳）を、もしくは、悪（災禍）を与えます。

八字命式の十干と十二支から求められる納音の五行は、仁義礼智信を表しますが、子平で扱う干支の五行の配合によって個人別の仁義礼智信のバランスを視ることができます。それを分別するのが通変星の喜忌であるといえます。ゆえに通変星により格局を求め、格局によって通変星、つまり、干支の納音五行の喜忌を区別する必要があったのです。これによって命運を看ることが可能となり、これは宋代以前から「三命書」と呼ばれていました。この三命書の伝統は、宋代以前の術数部の目録には、膨大な図書目録が残されています。宋代は、この生命を扱う玄学(げんがく)が盛んに研究されました。その啓蒙活動として徐大昇の『通變淵源』も徐子平の子平真数の定十八格として集大成されたのです。徐子平より、千年の月日を経てやっと真実が露になったということです。

なぜ財官を用神とするのか？

徐大昇の子平真数の特徴は、財官を用神にして重要視していますが、これは、前述した正気の官星を求めるために必要な概念であり、徐大昇以前の子平においても重要なものでした。

そして、日主を主体として財官を用神としたとき、

財官を好む命式
財官を忌む命式

の二極化に分類することができます。

財官を好む命式は、日主身旺とか日主身強であることが前提条件になります。ですから日主と同じ五行の根が少なくとも三支は必要となってきます。ゆえに命式が合去か冲去に逢えば、格局は成局しなくなります。反対に財官の根が三合のような三支が揃う、さらには、比劫や印綬などがあれば、財官は、忌神で、非常に強くなってしまいます。

財官を忌む命式は、財官が命式にないことが前提条件となります。ですから日主を強める比劫や印綬で構成されます。もちろん、日主が当令して強いほうがより財官を抑え込むことができます。財官の好む命式は、財官が天干に透出している干を用神に取りますが、財官を忌む命式は、天干ではなく、地支を用神に取ります。それも日主の正気の正官を蔵する地支を冲する地支を用神に取ります。ゆえに地支同士の関係がその人生にとって大きく影響を与えていくと考えられます。財官を好む命式も財官が旺じる運勢を好みますが、干と干のほうが複雑な、つまり通変星同士の関係が深く影響を与えますから、命式や運勢を看るときに複雑な手続きを必要とするのです。

通変星の意味とは？

通変星について徐大昇は、経典を引用して「通変は以って神と為す者也。」と記しています。何を以ってこれをいうのか？　思うに人の命の貴きは、中和の気を得ることにあり、太過と不及は皆不可、ゆえに太過不及は同じく、中和の気は福厚く、偏党の剋は災禍となる、としています。

通変星が神であるという考え方は、仙道の五体論の中の三宝の精、気、神の神を指すものと考えられます。五行は五気とも呼ばれ、気の働きを命式の八字より求めています。

通変星は、

官星

財星

印星

傷官、食神星

比肩、敗財、陽刃星

の五つに分けられます。

また、日主から五行の陰陽によって正偏が区別されます。

つまり、

日主陽干と陰干の通変星、日主陰干と陽干の通変星を「正」

日主陽干に陽干の通変星、日主陰干に陰干の通変星を「偏」

の組み合わせが考えられます。

陰陽の配合の通変星は、

正官

正財

正印

傷官

敗財（日主が陽干は、陽刃になる）

陰陽配合ではない通変星は、

偏官

偏財
偏印
食神
比肩（敗財）

になります。

次に日主と各通変星の関係を見ていきます。

日主と官星の関係は、日主身強ならば、日主を剋制し、その作用の結果、地位の向上や品格の向上が見られます。正官は貴人を表し、偏官は小人を表します。ゆえにその出世のレベルを論じると、正官は文で、偏官は武を表し、中国の歴史上の文武百官を表しています。官星が不及や太過の命式は、反対に官星の良さが顕われないとしています。

官星と財星の関係は、財星は、正官を強め、正官の地位を上げる財源になります。反対に官星太過の場合は、わずかな財星が来ただけで傾くとされます。

傷官と官星は、傷官は文字どおり、官を剥奪するものを意味します。ゆえに傷官見官は、災禍百端といわれます。多くは訴訟が連続したり、難病が発症したりするといわれます。反対に官星を忌む命式は、傷官は、官星を抑え込みますから救いの星になります。

日主と財星の関係は、日主が財星より強ければ、その財を支配することができます。正財は吾が妻の財を表し、偏財は衆人の財、もしくは父親の財を表します。財星が良好な状態であれば、妻や部下との主従関係が良好で、家庭や経営がうまくいき、財源をさらに増やしていくことができます。反対に日主を上回る財は、その財を支配するどころかその財に振り回されることになります。つまり、妻や父親がどんなに多くの財産があったとしても、その当人はそれを目視するだけでなく挙句の果てに一銭も残らないとしています。

日主と財星は、日主が身強ならば、心身共に健康で、良き妻や良い人脈を得て、店舗や会社経営を上手に発展させていくことができます。反対に日主が身弱ならば、財星は日主の力を盗気して弱め、そこに官星が来れば、日主の剋害に遭い、病気や災難を発生させます。日主が身弱の人は、財多の盗気に遭うだけで、突発的な怪我や大きな財の損失に見舞われます。

財星と傷官、食神の関係は、傷官、食神は、財星を生じて強めます。ゆえに少ない資本で、大きな利益を産み出します。反対に日主身弱の命式の人は、財星の盗気に加え忌む財をさらに生じて強めるため、まさに危険や災難を呼び込む方向に行動が向かうでしょう。

財星と印星の関係は、印綬は、財星を抑え込みますから財産の損失を産みます。反対に、日主身弱の人は、印綬が財星を牽制しますから良好になります。

財星と比肩、敗財、陽刃の関係は、財産を消耗させて破滅させていきます。反対に日主身弱の人は、兄弟姉妹に助けられるように財からの盗気を牽制して助力を得ることができます。

印綬は、官星があると、官星に生じられて強まります。印綬と組んだ官星を真官といいます。なぜなら社会的地位を得ることで、自らの事業が発展することができるからです。印綬は、月上にあるのが一番良く、父母や目上のお蔭で自らの事業が発展していきます。

傷官は、傷尽と傷不尽に分けられます。これは、官星との関係を表しています。例えば、日主乙木の人は、丙火が傷官になります。乙木の正官は庚金ですから日主と干合し、丙火は偏官の辛金と干合去しますから傷官見官になりません。ゆえにこれを傷官傷尽といい、官星の悪さを抑え込みますから非常に良好な人生になります。

反対に日主甲木の傷官は丁火になるので、官星の庚辛金は全面的に剋害し、これを傷官不尽といい、災い百出(ひゃくしゅつ)の人生になると恐れられています。食神は、『喜忌篇』に「庚申時逢於戊日，名為食神干旺之方。」とあり、傷官不尽の命式になってしまいます。例えば、日主乙木の人は、丁火が食神になります。乙木の正官は庚金ですから日主と干合し、丁火は偏官の辛金と傷官見官になり、傷官と比べると食神のほうが良い命式ができないゆえに、時柱の食神を用神に取る合禄格が十八格に入格し、食神の格局が表記されなかったのではないかと考えられます。

比肩、敗財、陽刃の中で一番作用が強いのが陽刃で、陽干と陰干の陰陽配合の道によって成り立ちますから、日主が異常に強くなり、財を破るため敗財とも呼ばれています。この凶作用を抑え込むには、七殺が絶対に必要になります。この七殺で抑え込んだ陽刃は、反って権勢を得ると考えられ、武芸や競技によって功名を得るとも言われています。反対に日主が身弱の命式は、陽刃の助けを是非とも必要とします。『継善篇』に「陽刃衝合歳君、勃然禍至。」とあり、日主が身強でも、日主が身弱でも、歳君が冲合する流年で勃然と禍に遭うとされます。つまり歳君が日主を強め太過となるか、それとも喜神の根字を冲してしまうかという判断になります。

ここで正気、雑気という用語がでてきましたが、五気とは、五行のそれぞれの木火土金水の五気を表し、日主を主体としたとき、通変星の五種類に区別することができます。

官星は、官気（制気、貴気）、太過は、殺気。
七殺は、剋気（制気、貴気）、太過は、殺気。
財星は、財気（福気）、太過は、盗気。
印綬星は、生気、太過は、日干が強まり財気を破り、官気を洩らして弱める。
傷官、食神星は、秀気（洩気）、太過は、気散。
比肩、敗財、陽刃星は、財気（福気）を破り、太過は、日主無依になります。

地支の持つ特性とは？

子平推命では、地支はあくまで、通変星の根になるものや十二長生で占う方法が一般的ですが、徐大昇の子平真数では、地支が果たす役割は、干の通変星よりも重要な働きをしていると考えます。なぜなら子平真数では、地支を用神として取る命式が存在するからです。

地支の主要な働きに冲と合がありますが、冲とは対冲の一八〇度を表しています。例えば、午字が用神であるならば、先天的に子字を冲し、未字を合することができます。まさに冲が格局の名称となっている倒冲格は、丙日の場合、丙日の正気の官星が含まれる子字には、丙火から見た癸水の正官が蔵しており、これを午字が冲することで、正気の官星を命式に持っている格局と同レベルの良い命式になると定義しています。

このような見方をする子平推命は、非常に特殊であると共に、これは本来地支が持つ命式の根となることとは別の働きを示しています。地支の三合の働きに関しても、もし三合金局があるとしたら三合木局とは冲の関係となり、三合水局とは合の関係になります。財官が命式に出ていない命式にとって、地支の構成は救いとなるか、それとも仇為す者となるかの働きを示します。ゆえに財官、特に財官の官星が干支にあることは非常に悪く、格局の成敗としては、減点対象となります。反対に財官を好む命式でも、財官を抑える干支で構成された命式は、財官を壊してしまうことになります。ゆえに命式の財官を忌む命式は、地支で得るべき財官を支配する必要があります。つまり地支が財官を抑える運勢こそが財官を得るチャンスと言えます。また用神に作用する地支がくることは、良きにせよ悪しきにせよ人生の転機であることは間違いありません。反対に財官を好む命式は、財官が干支によって強まる運勢がチャンス到来のときと言えます。

命と運の関連性とは？

命と運とは、持っている条件が違ってきます。それぞれの八字と大運の並びには個人差があり、節からの誕生日の日数の浅い深いことによって大運の歳運が異なります。そのため、同じ誕生日でも男女の順逆によって大運干支の並びが異なるので運勢も違ってきます。

正気の官星や財星を持つ人は、月令がすでに財官にありますから、再び大運の運勢で、官あるいは財が旺じる運勢が巡ってきません。しかし官星や財星が旺じる運勢を喜ぶとしています。内格身強の人は、地支によっても命式の強弱が頻繁に起きてきますから、大運や流年の干支の動向によっては、財官が日主を遥かに上回ってしまうような運勢も頻繁に起きてきます。財星の格局を持つ人は、財と相等のときに、官星があると発福するとしています。その微妙な線引きこそが子平の難しさでもあります。

また、命式において正気の官星がなくても大運や歳君で格局を形成するときがあります。このようなときは、命式と同じような判断結果となります。反対に飛天禄馬格（ひてんろくば）でありながら正気の官星や正気の財星がやってくると、非常に忌まわしいことになります。

第2章

子平の歴史

三命から子平への変遷

子平の名前は、「徐子平」といった創始者の字からはじまったとされていますが、それを深く掘り下げた人は未だかつて誰もいませんでした。今から四〇〇年前の中国の明代の『四庫全書』に収められている萬育吾（萬民英）の『三命通會』の初版の三巻の最後に記載されている「子平説辯」の中に、子平の歴史を現代に伝える一説（説話）が残っています。

子平の書籍群は、中国の唐代から宋代末に刊行されて、元明の人々がそれを再興しました。明代の『古今図書集成』明代星命部名流列傳によれば、十二氏の子平門派が成立し、現代までに膨大な資料を残していますが、その大部分が重要な文献ではないため、どれが主要な文献なのかを特定することからはじめなければなりません。

それには、まず「子平」という二文字に注目し、誰がそれを初めて語り、誰がそれを語り継いでいったのかという歴史を知ることが重要です。

子平の二文字は、萬育吾の説話によれば、

　この子平の二文字の説は、誠に理が有り、子平は、徐君易（徐居易）の字に係り、今の談命は、遠い昔から伝わるその法は、子平と称し、考察すると『濯纓筆記』に云々があり、子平は、徐居易の字が子平で、東海人の別号は沙滌先生、また蓬萊叟と称し、大華西の棠峰洞に隠遁する。この子平の法は、人の生まれた年月日時によって命運を推命する禄命法の源は、思うに春秋の戦國時代の珞琭子の『元理消息賦』の一篇を謂い、それを観るが殆どが後人の偽撰であり、珞琭の本真ではない。

この賦は、正式名称は『珞琭子三命消息賦』といい、梁湘潤の説によると東漢から唐初期の作品で、この原典である李仝注の『東方明疏』が北宋の嘉祐四（一〇五九）年の己亥歳に出版されています。さらに北宋の徐子平は、この賦に徐子平自身も含めた四氏（王廷光、李仝、釋曇瑩、徐子平）の注釈書が、北宋の宣和五（一一二三）年辛丑歳に出版しています。つまり徐子平は実在し、北宋の年代に活躍した人物なのです。この徐居易は、五代の頃の人と考えられ、古代中国の仙人のような人物であったと推定することができます。そして子平の伝承の伝記が引き続き書かれています。

珞琭子と同時期に「鬼谷子」が有り、漢には「董仲舒」「司馬季主」「東方朔」「厳君平」が、三國の時には「管輅」が、晋には「郭璞」が有り、北齋や魏や唐には「袁天剛」「僧一行」「李泌」「李虚中」の徒の皆がその祖術の「管輅書天陽訣」やまた僧一行が「銅鈸要占」で人の吉凶の極験を占い、その李泌がこれを李虚中に傳えた。李虚中の推衍は、珞琭は年を以て、李虚中は日を以てその法は至ったが、五代の時に一変し、「麻衣道者希夷先生」及び「徐子平」は、李虚中の術を得たが、その損益は専ら五行を主とし、納音を主としなかった。

八字は、年柱、月柱、日柱、時柱の四つの干支によって構成されています。李虚中命書は唐代に書かれたので、それまでは、年柱を主体に人の命運を推衍しています。これは『淵海子平』に詳しく書かれています。李虚中の推衍は、この年柱ではなく、日柱の自己を表す部位を主体に看ています。ゆえに生年干支の納音は、例えば、甲子年は、海中金という判断になりますが、陳希夷や徐子平は、五行を主体にして納音で談命することを退けたのです。

しかし、その法は、また一変し、徐子平没後、宋孝宗熙（甲午歳の一一七四～一一八九年）の時代に、淮南の術士の號「冲虚子」の者が有ったが術に於いて精妙で、当世はこれを重んじた。時に僧「道洪」の者が有って密かにその傳を受け、その後に銭塘に入り、その学を傳布したが、世俗はその由来を知らなかった。直言を子平といった。後に「道洪」は「徐大升」にこれを傳えた。今世の所傳の『三命淵源』の「定真論」等は、その所（納音で観る方法を批判した）を著し、『三命淵源（一二五三年、寶祐元年の癸丑歳）』は、子平の隠されていたその変易を尽くした。

徐子平の没後、冲虚子↓僧道洪↓徐大昇といった順に子平術が伝承され徐大昇が著した『子平三命通變淵源』によって子平術が公にされました。このテキストは中国でも欠本となっていますが、明史芸文誌や千頃堂書目の五行類に宋の徐大昇子平三命通變三巻と書名のみが記載されています。これは、近年、韓国の高麗大学と日本の静嘉堂文庫に収蔵されていた原典の共に欠落した部分を結合させたテキストとして、繫ぎ併せて復刻されています。そしてその書の跋（あとがき）に出版年月が書かれています。これによって徐子平と徐大昇が活躍した年代が明らかになり、読むべき必読の原典が露になったのです。

子平は、易が八卦を用いるように、日主から見た年、月、時、蔵干や大運、流年干支に通変星を振って判断し、徐大昇は、易の十八変を模倣して、通変星の十八変である十八格で、財官によって内格と外格をはっきりと分けて推命しはじめたのです。そして徐大昇は、通変星によって易の通変、つまり、十八通変によって子平の淵源を解き明かしたのでした。

『五行精紀』に観る『蘭臺妙選』『三車一覽』『應天歌』等と『淵源』『淵海』は不同である。思うに文察の変治を観て、暦明の時、皆その時の改革に随った。故に百年の間と雖も、数術の説もまた増してその違いを知る事はできないのではないか。大升の時より、上距の子平は已に三百餘年の歳月が経っており、その法の幾変を経ることを知ることはできない。

当時の子平の文献と言えば、『五行精紀』に観る『蘭臺妙選』『三車一覽』『應天歌』等と、徐大昇の著による『淵源』『淵海』であるが、その版も何度か変わり、明の改暦などによって百年も経ち、その数術も大きく変えられてしまっているようです。明の萬暦の時代は、徐大昇の『子平三命通變淵源』の出版からすでに三百余年も過ぎており、その間に紆余曲折があったでしょうから、子平の法がどのように推移していったかを知る由がないと、萬育吾は述べています。

或いは、大升は謂う子平の真傳を得た、『繼善篇』等を観るその外に『明通賦』但更にその一詞は而して『元理消息』の一賦は則ち大升の獨得である。今人の推命の後また元の人が復推し、徐子平、徐大升の二家の法の演繹を顧みる。今この談命の者の動称の子平は、その始原がまったく知られていない。余（萬育吾）は、故に子平の二字を解いてこれを詳しく弁じた。

徐大昇が謂うには、子平の真傳、つまり徐子平の真傳は、『繼善篇』の他に『明通賦』の一詞と『元理消息』の一賦が、徐大昇の独自性があるものだとしています。徐大昇の後に元の人々が復興し、徐子平、徐大昇の二家の子平の法を演繹して顧みようとしたのです。談命する者は、子平の始源を、まったく理解していないので、余（萬育吾）は、この子平の二文字を『子平説辯』に詳しくは解いて弁じた、とあります。

以上の説話によれば、徐大昇の『子平三命通變淵源』の中の定真論や継善篇や『五行原理消息』と徐子平の『明通賦』が子平術の原典を伝えていますが、萬育吾の時代にすでに暦は改変され、子平理論も変遷してこの歴史的な壁を取り除き、子平術を現代に復活させることは非常に困難になっています。

しかしその文献を紐解き、術の伝承を注意深く検証していくことで、現代に徐大昇と徐子平による子平推命を復活させることは可能だと筆者は考えています。近年復刻された徐大昇の『子平三命通變淵源』は、明代にすでに欠本し、これと同じものを萬育吾ですら読んでいなかったと推測されます。明史芸文誌の五行類には、徐大昇『子平三命通變三巻』の書名のみが記載されていますが、この原形は欠落し、各部分はバラバラに伝わってしまったようです。特に一番肝心な蔵干論は、元人の李欽の『子平三命淵源註』のテキストですでに改変され、それ以降のテキストも暦の改変に伴って徐大昇の真意は現代には伝承されませんでした。

夥(おびただ)しい蔵干論が増殖する明代には、新たな蔵干論というよりも簡易化された蔵干論から徐大昇や徐子平の原典を読み解こうした一派がいましたが、内容的には三分の一程度しか理解されず、ある意味原典が歪められ解釈されて、その子平学説自体すら明らかに異質な解釈にすり替えられてしまいました。それがさも本物であるかのように現代の四柱推命のテキストに何の疑問もなく書かれています。この現実にまず興味を抱くことが大切であり、何の疑問を持たず、それが正しいと信じ込んで平気で第三者を占っている人々は、襟を正してほしいと思っています。

つまり子平の重要文献の特定と校閲、子平学説の検証、この二つが欠けてしまっていたために、子平術は、徐大昇の『通變淵源』以来何の進歩も発展もなく、むしろ原典が失われ、その伝承していた師弟関係も失われた残骸のみが文字となって残っているのです。それが元明人の二種の『淵海子平』の解釈であり、現代の四柱推命の基になったのではないでしょうか。子平門派自身の誤った解釈も原典を知ることで、大きく軌道修正することが可能になり、本流である新たな子平を再興しなければならないでしょう。そして原典に回帰する重要性を再認識しなければ、徐大昇の子平の真髄には辿り着くことはできないのです。

子平の歴史年表

王朝・年代	人物	史実・著作
唐代	李虚中	『李虚中命書』『玉井奥訣』
五代	徐居易	『濯纓筆記』東海人、沙滌先生、蓬莱叟
宋代　北宋	李仝注	『珞琭子賦』嘉祐四（１０５９）年己亥歳
宋代　北宋	徐子平	『珞琭子賦』宜和五（１１２３）年辛丑歳
南宋	冲虚子	宋孝宗煕（甲午歳１１７４～１１８９年）
南宋	僧道洪	徐大昇の師匠、徐大昇の故郷の銭塘で子平を広めた。
南宋	徐大昇	『子平三命通變淵源』寶祐元（１２５３）年癸丑歳
元代	李欽	『子平三命淵源註』大徳丁未歳（１３０７）年
明代	呂固	『三命總龜淵源集註』徳正丁丑歳（１５１７）年
明代	萬民英	『三命通會十二巻』萬歴六（１５７８）年戊寅歳
明代	楊淙	『星學綱目正傳』萬歴十（１５８２）年
明代	李欽	『淵海子平六巻』萬歴庚子歳（１６００年）
明代	楊淙	『淵海子平五巻』明崇禎七（１６３４）年

明の時代の出版目録である『明史芸文誌』と『千頃道書目』の「五行類」には以下の子平に関する文献が残っていますが、子平は、宋代は、三命というジャンルに区別されていて、徐大昇が初めて書名に子平の名称を使用しています。明代は、子平を星命のジャンルに区分し、星命には、子平、星宗（七政）の八字と中国占星術で併せて看る星平會海の方法が盛んに行われたようです。

『明史芸文誌』の「五行類」の子平の資料書目（太字が子平資料）

玉井奥訣　題李虚中撰註

…子平の原典の根源になったテキストですが、残念ながら実用段階までには至っていません。『星學綱目正傳』『三命通會』に収められています。この書物を本当に子平を熟知している人が読むと、子平のエッセンスのすべてが散りばめられているので、子平の秘伝を秘匿するためにわざと子平が的中しないように書かれていることが推測できます。そしてこの書物は『滴天髄』の作者によって、かなり多くの引用がなされています。つまり、この子平の伝承こそが裏子平が存在したことの証明といえるかもしれません。子平が表舞台に絶対に出ることがなかった暗黒の時代に書かれた子平書物であると想像できます。

劉基三命奇談滴天髄一巻

…これが有名な滴天髄のテキストですが、徐大昇の『通變淵源』の十八格と『五行原理賦』等の通変星による特殊な干関係をベースに、天干に昇った命式の十干をテーマに再編集しています。

欧陽忠星命秘訣望斗経三巻

楊源星學源流二十巻

張楠神峯闢謬（『神峯通考命理正宗』）

雷明鳴子平管見二巻

…徐大昇の『通變淵源』の十八格をベースに格局は、詩賦によって再編集されています。

李欽淵海子平大全六巻

…元の李欽は、徐大昇の『通變淵源』の注釈書の『子平三命淵源註一巻』を著しましたが、すでに元代の暦法の影響を受けて徐大昇の「地支造化図」は大幅に改変されていました。このテキストが明史芸文誌に記載されている『徐大昇子平三命通變三巻』になったのかもしれません。明代の『醉醒子集（『星学綱目正傳』の中に編集されている）』の中の「節気問答」に徐大昇の通變淵源の蔵干説が論じられています。この本をベースに明人が李欽の『淵海子平』を再編集しています。

萬民育三命会通十二巻

…「子平説辯」は、『三命通會』の初版の三巻の下の最後に編集されています。東海徐子平撰の『明通賦』と徐大昇の『原理賦』に著者の萬育吾が注釈を加えています。『三命通會』は、萬民英撰で、字が萬育吾、明史芸文誌では萬明育になっています。

陸位星學綱目正傳二十巻

…この書の中に『淵源』と『子平淵海』の資料が収められています。しかし、編者の見解でテキストがランダムに編集されてしまっているので、この書から個々の『淵源』『子平淵海』を再現することは不可能でしょう。

ちなみに、子平は、「子平淵海　子平淵源　子平壁玉　醉醒子集　星命統宗　星學源流　星學大成　玉板金章　玉井奥訣　王照神經　千里馬　海底眼　珞琭子　子平格觧」。五星は、「指南五星　琴堂五星　耶律五星　殿駕五星　璧奥五星　統宗五星　源流五星　大成五星　正宗五星　望斗五星　玉衝真

経　清臺五星　憲臺星格　三命五星」が再編集されています。

又星學大成十八巻

又張果星宗命格十巻

又文武星案六巻

西窻老人蘭臺妙選十巻

…蘭臺妙選は、琴堂五星の七政の資料に収められている子平ですが、格局についても不完全な子平であったと考えられます。

陸昴蘭臺金貴玄機索要書

鄧史喬捩星論一巻

星平會海十巻　以下不知撰人

…この書は、七政と子平が合冊して一冊にまとめられています。

星平總會十巻

果老子平大成三巻

星學全書三十巻

五星玉鏡四巻

中天八卦数命一巻

河洛神数六巻　三命

青蘿歴一巻　三命

占命録二巻

子平淵海大全五巻

…この『淵海子平』は、萬育吾が「子平説辯」の最後に論じている『淵源』と『淵海』の淵海のテキストを指しています。明人の楊淙のテキストは、以上の『淵源』と『淵海』の二書を合併して一冊の淵海子平にまとめたものです。徐大昇の『通變淵源』に書かれている「十八格」は、内格を十八格に分けて、この他に外格を十八格作りましたが、明らかにその格局の内外の分類方法は、誤っています。

元人の李欽の『子平三命淵源註一巻』は『四庫全書』の総目録提要の書評が記載されています。最近香港で出版された宋徐大昇の『子平三命通變淵源』が収められている『三車一覧子平淵源註解（［明］呂子固註 李鏘濤・莊圓校訂、香港星易圖書有限公司、二〇一七年七月初版）』として、元代の李欽のテキストに近い書物が復刻されています。

このテキストには、徐大昇の『子平三命通變淵源』の序が載せてありますが、出版年が不明となっており、おそらく徐大昇の『通變淵源』はこの当時現存していたものの、完全な状態で存在していなかったか秘匿されてしまったのではないかと考えられます。

琴堂虛實五星指南要四巻
竹羅三限幽妙集一巻　三命
経世祝氏
麻衣易髄二巻　三命

宋

徐大昇子平三命通變三巻

…この本が長らく中国で欠本となっていたために明代の子平研究は、難航を余儀なくされてしまったと筆者は考えています。不完全な『淵源』『淵海』のテキストが多くの誤った子平門派を誕生させ、日本の四柱推命もその影響下にあったと考えられます。

元

徐州徐施二先生元理消息賦一巻

…『徐氏珞琭子賦二巻』宋徐子平撰，按四庫據永楽大典本著録。今傳文淵閣四庫作珞琭子賦三命消息賦。」という記載があり、四庫全書に現存しています。しかしながら清代に再編集されていますから、北宋に出版された原典を読むのがよいと思われます。

また、『李虚中命書三巻』題周鬼谷子撰　唐李虚中注　按四庫據永楽大典本著録，宋志著録有李虚中書格局二巻，或與此有関。」という記載があり、四庫全書に現存しています。

これ以外の四庫全書本は以下のとおりです。

星命總括三巻　遼　耶律純撰

星命朔源五巻　不著撰人

日本の国会図書館には、こうした書籍の続編が所蔵されています。

例えば、『續集星命總括新集』は、神殺推命の集大成です。日本の京都の圓光寺に伝承されていた『續編星命總括新集（[古朝鮮]　存眞老人編）』は、李常勝氏が校訂して香港の星易圖書が出版しています。この書は、圓光寺から帝国大学図書館に寄贈され、現在は国会図書館に収められていますが、神殺の見方を官禄貴門、禄馬印綬門、貧賤刑殺門、貴賤格例門といった全八巻で構成し、特に最後の貴賤格例門は、子平格局の原型の萌芽を読み取ることができます。

五行類以外の歴数類にも書名が残されています。

七政全書

補

金

耶律覆乙未歴

元

耶律楚材庚午元歴二巻・又歴説・又乙未元歴・又回鶻歴

結論

子平は、三命の研究書から子平という独立した方法を徐大昇が独自に打ち立てた中国史上初の推命術で、その伝承も子平開祖の徐子平から徐大昇へと綿々と続く師弟関係が『子平三命通變淵源』に託されています。我々は、徐大昇の子平真数と呼ばれる子平推命を知る機会を得ましたが、これをどのように扱い、どのように社会に役立ていくのかが現代日本に託されたテーマと言えるでしょう。

ゆえに子平推命の伝承には、どのような八字の解釈や方法論が根底にあるのかを無視して子平の理論を構築することは、非常に無意味なものになります。

子平の理論の歴史

子平理論の構築に一役買ったものは、李虚中の『玉井奥訣』からであり、徐大昇の『通變淵源』によって子平理論は精密に整備されていきました。しかしそれを継承した元明の研究者たちは、その真意に達することなく、注釈書を残すことが精一杯で、進歩も発展もせずむしろ退歩させたと考えています。ゆえに子平の研究は、以下のような流れになると思います。

子平の創世記：『玉井奥訣』『李虚中命書』

子平の過渡期：『明通賦』『喜忌篇』『継善篇』

子平の成熟期：『通變淵源』『五行原理消息賦』

子平の完成期：『滴天髄』『欄江網』

李虚中命書の特に『玉井奥訣』の子平理論は、日主を中心にして蔵干理論によって導き出した通変星や干合理論や八字の五気の象による分類と神殺による判断を絡めて観ていますが、残念ながら実用に耐え得るレベルではありません。実用段階にまで高めたものが、徐大昇の『通變淵源』であると考えています。開祖の徐子平から五大師弟を経て伝承する過程で『明通賦』『喜忌篇』『継善篇』がまとめられ、これをもとに徐大昇は、十八格の内外の格局を分類して、その格局推命による命譜を残しました。

徐大昇以後の元明の人々は、後の格局を究明しようとした『子平百章歌』や『子平玄珠』、格局から十干論による『滴天髄』や『欄江網』にまとまっていきましたが、蔵干論の修正と財官を中心に格局の内外を取る核心が欠如したまま、明代の子平が構築されてしまったため、特化したものはあっても全体を統制する理論体系が整備されませんでした。確かに『滴天髄』によって『玉井奥訣』に書かれた八字の象によって、格局を区別する雛形は整備されたものの、その先を看る子平までの理論は構築できなかったのです。

『滴天髄』は、子平の合冲や格局論を整備していきましたが、本当の合冲を取る意味すら欠如してしまったようです。なぜなら刑冲破害は、一般に六壬で用いる概念であり、子平にそのすべてを適応することは難しく、徐大昇の正気の正官格は、特に刑冲破害を畏れ、倒冲格も冲合を畏れます。徐大昇の看命入式の通変星と冲合を看る見方は、格局を判断するための大きな決め手になっています。この冲合の重要さを理解しながら、なぜ滴天髄は冲合を取り、刑破害を軽く看ているかの意味を知ることは重要です。八字の五行の強弱を計ろうとする子平は、八字の冲合がその五行の強弱に変化を与えると考えたからでしょう。

徐大昇の子平は、天干と地支と蔵干の三者の関係が天干に昇ったとき、初めて通変星が具体的に働くと考えています。それが顕著に働くには、当令する必要があります。ゆえにこれを提綱といっています。命式上で当令しなくても大運や流年のときに当令するケースもあります。このとき、格局の内外と日主の身強と身弱によって格局の喜忌が露になってこれをうまく裁いたとき、鑑定への道が開かれます。

ほとんどの子平推命は、天干の干関係を見て、地支や蔵干の重要性を軽視しています。反対に四柱推命は、地支や地支に所蔵する蔵干を重要し、天干に昇ろうが昇るまいが蔵干に重きを置いて、その通変星を格局に取ります。この両方の見方は、徐大昇の子平推命を学んでいないことが、誤った見方を生んでしまったと推測しています。

蔵干理論の変遷――蔵干に日数を振ることは三命にない子平の独自の理論体系である

蔵干理論が萌芽するには、徐大昇の『通變淵源』の前の『李虚中命書』の文献に遡る必要があります。もちろん、七政の星命総括等の系統の八字解釈の中に地支の蔵干を論じる書物はありますが、明確な蔵干の日数が書かれている文献は、題李虚中撰註の『玉井奥訣』からです。

原文を引用して見ましょう。

月気浅深，何者主権
一看月建之下気候浅深，五行之気是何干神。正當此日天時之令，五日一候之気，如後一云徳秀有無。俗言四立以前土旺十八日，此儒者大『大易』之論，非陰陽家乗除實理也。

この蔵干は、陰陽家の説ではなく、「大易」の説だとしています。四季に土用の十八日が配当されている伝統的な干支暦（黄帝暦）に、次のような日数を十干ごとに配当しています。

甲丙庚壬は各三十五日、丁乙辛癸は各三十日、戊己は各五十日で蔵干の合計は三百六十日になります。以下のように各月の蔵干の合計は、みな三十日で統一されています。

寅　正月立春雨水節　己土七日　丙火五日　甲木十八日
卯　二月啓蟄春分節　甲木九日　癸水三日　乙木十八日
辰　三月清明雨水節　乙木九日　壬水三日　戊土十八日
巳　四月立夏小満節　戊土七日　庚金五日　丙火十八日
午　五月芒種夏至節　丙火九日　己土三日　丁火十八日
未　六月小暑大暑節　丁火七日　乙木五日　己土十八日
申　七月立秋處暑節　己土七日　戊土三日　壬水三日　庚金十七日
酉　八月白露秋分節　庚金七日　丁火三日　辛金二十日
戌　九月甘露霜降節　辛金七日　丁火五日　戊土十八日
亥　十月立冬小雪節　戊土七日　甲木五日　壬水十八日
子　十一月大雪冬至　壬水九日　辛金三日　癸水十八日
丑　十二月小寒大寒　癸水七日　辛金五日　己土十八日

『續集星命總括新集』では、以下のような蔵干説から通変星を求めています。

三命部

官禄十貴門

一日天官貴門　又日陰官禄，専主官禄
甲愛金酉乙愛猿　丁亥丙鼠己寅頭
戊尋玉兎庚壬馬　辛癸逢蛇官未休

甲用辛為官，酉為貴禄。官星帯禄
乙酉，伏禄。甲木乙木致曰伏禄。
丁酉，破禄。丁酉属火，甲木見火，灰受煙滅。
己酉，合禄。甲與己合也。
辛酉，正禄。辛禄在酉，故為正禄。
癸酉，空亡。甲木旬胎壬癸故空亡曰空亡禄。

正官の取り方は日主と地支から求め、四柱の干支の関係によって、天官貴、つまり官星の状態を見ていますので、当時は、まだ蔵干という概念が構築されていなかったようです。蔵干は、後ほど詳細に記しますが、徐大昇の「地支造化図」に蔵干日数の正確な日数と十干の五行の配当がなされています。

第3章 命式の立て方と見方

子平術とは如何なるものか？

徐大昇の『通變淵源』の序には、徐子平の子平真数の定格局の法を高人から伝授されたと書かれています。徐大昇は子平門派に入門して数年の間、学び研鑽した結果、大いに子平術の素晴らしさを知り、後学の者たちに正しく伝えるために出版に至ったと記しています。

徐大昇の子平真数には、次の四つの見方があります。

一．通変星による見方
二．格局による見方
三．天乙貴人と十干禄による見方
四．天徳と月徳による見方

通変星は後に六親と呼ばれるようになり、つまり、父母、兄弟姉妹、夫婦、子女の六親を占うものとして発展してきました。そして財官は社会的な地位や財産を築くのに最重要の通変星と考えられています。

格局は命式の分類を行うもので、徐大昇の十八格局は、易の十八変と春秋の十八占の辞を基にして格局を求めています。徐大昇以前の李虚中の書にも『格局二巻』の書名が残っており、徐大昇の十八格局はまさに彼のオリジナル格局であるといえます。そしてその格局は、財官を用神として究極的には、財官を好む命式と、財官を忌む命式の二つに分類して格局を求めています。

子平には神殺と呼ばれる見方があり、天乙貴人や十干禄は、おもに六壬の起例において用いますが、子平も六壬と同じく干支を使うので、子平の理論構築に流用された可能性が高いと言えます。例えば、地支造化図を最初に作成するにあたって、六壬で用いる寄宮や十干禄は、十干を地支に配当していく方法を取り、これは六壬で地支を扱う刑冲破害の関係が応用されていると見ています。

また、天徳と月徳は神殺にあたりますが、この神殺が命式にあることは、非常に好ましく、子平の格局から見た忌神であってもその凶は、凶とはならないと看て、さらに貴人の相助があれば、貴命を顕すとしています。天徳は、天道を称して天の元陽順理の方向で大吉になります。月徳は、月の徳神を意味し、修営向の方向で、上任、宴会に宜しいとあります。

【註】寄宮とは、甲を寅、乙を辰、丙を巳、丁を未、戊を巳、己を未、庚を申、辛を戌、壬を亥、癸を丑に寄せて十干を地支に配当する方法のこと。刑とは寅が巳を刑し、巳は申を刑し、申は寅を刑するゆえに六壬の四課三傳（しかさんでん）を判断する重要な決め手となる。

十干と十二支の見方

徐大昇の『通變淵源』は、財官のそれも正気の官星を用神として求めます。まず命式の天干に財官があるかどうかで格局の有無を見ます。財官が天干に透出しているかどうかは、命式の天干と日主を比較して通変星を「天干通変図」より求めて、「地支造化図」の支中の所蔵のものを「天干通変図」と一致する干より求めていきます。つまり、まず命式の天干に正官、偏官（七殺）、正財、偏財が天干にあるかどうかを見るのです。

十干の呼び方と表記方法は以下のとおりです。

甲　こう・きのえ　陽干の木行
乙　おつ・きのと　陰干の木行
丙　へい・ひのえ　陽干の火行
丁　てい・ひのと　陰干の火行
戊　ぼ・つちのえ　陽干の土行
己　き・つちのと　陰干の土行
庚　こう・かのえ　陽干の金行
辛　しん・かのと　陰干の金行
壬　じん・みずのえ　陽干の水行
癸　き・みずのと　陰干の水行

十二支の呼び名は以下のとおりです。

子　ね　水行
丑　うし　土行
寅　とら　木行
卯　う　木行
辰　たつ　土行
巳　み　火行

午　うま　火行
未　ひつじ　土行
申　さる　金行
酉　とり　金行
戌　いぬ　土行
亥　い　水行

十干十二支の詳しい定義は楊淙の『淵海子平』の「論干支字義」で論じられています。

この十干と十二支を組み合わせたものが「六十甲子（ろくじゅっこうし）」という干支暦に用いられたもので、子平では生年月日時を、この干支暦によって八字を組み立てます。さらに大運と年運を併せて命と運を推し量ります。

六十甲子図

六十干支										空亡
甲子	乙丑	丙寅	丁卯	戊辰	己巳	庚午	辛未	壬申	癸酉	戌亥
甲戌	乙亥	丙子	丁丑	戊寅	己卯	庚辰	辛巳	壬午	癸未	申酉
甲申	乙酉	丙戌	丁亥	戊子	己丑	庚寅	辛卯	壬辰	癸巳	未午
甲午	乙未	丙申	丁酉	戊戌	己亥	庚子	辛丑	壬寅	癸卯	辰巳
甲辰	乙巳	丙午	丁未	戊申	己酉	庚戌	辛亥	壬子	癸丑	寅卯
甲寅	乙卯	丙辰	丁巳	戊午	己未	庚申	辛酉	壬戌	癸亥	子丑

十干（じっかん）には、五種類の干合（かんごう）があります。

甲己（こうき）
乙庚（おっこう）
丙辛（へいしん）
丁壬（ていじん）
戊癸（ぼき）

干合に変化干合、倍加干合と用途を失う干合がありますが、変化干合は、命式の月令が当令した月と逢うと変化します。

甲己は、辰戌丑未月の各土令の十八日×四＝七十二日は、土に変化します。

丁壬は、寅卯辰月の木令の七十二日は、木に変化します。

戊癸は、巳午未月の火令の七十二日は、火に変化します。

乙庚は、申酉戌月の金令の七十二日は、金に変化します。

丙辛は、亥子丑月の水令の七十二日は、水に変化します。

変化する場所は、年月・月日・日時のそれぞれで変化します。そして命式と大運干と流年干も、この干合に逢えば変化します。

干合当令しない干合として、年月は用途を失う干合となるので、合去して作用を失います。命式と大運干や流年干もこの合に逢えば、合去して用途を失います。

日月、日時の干合は、月と時にそれぞれ倍にする倍加干合になります。

仮化干合は、大運の方局が至った月の季節毎に変化を起こします。

年月の用途を失った干合は、大運支の方局の干合当令に逢うと仮に変化干合します。

命式と大運干と流年干の合は、現在至っている方局の季節と干合当令するものは、みな仮化干合します。

地支には、

六合（りくごう）

三合（さんごう）

が吉の関係とされています。

この六合と三合は格局によって吉となるか凶となるかを判断していきます。

六合には、次の六種類があります。

子丑（ねうし）

寅亥（とらい）

卯戌
辰酉
巳申
午未

合は、地支の子が用神の場合は、これを閉じてしまうため丑は凶となります。反対に子午の冲（後述）があれば子丑の合を開くため吉になるとしています。つまり、合も冲も地支の作用を止めて閉じる作用があり、地支の機能が健全であるためには、命式に合冲があることは好ましくないといえます。

三合は三合会局ともいわれ、方局というものもあります。以下のとおりです。

三合会局	**方局**	
亥卯未	寅卯辰	木行
寅午戌	巳午未	火行
巳酉丑	申酉戌	金行
申子辰	亥子丑	水行

の関係があり、それぞれの五行が団結して強くなるとしています。

例えば子が用神であれば、申子辰の三合水局となるので、水の子の用神を強めて吉と見ています。反対に午が忌神であれば、寅午戌は、さらに火の午の忌神を強めるので凶と判断していきます。

刑

地支にあることを好まない関係には、

衝（冲とも言う。明代以降は、衝は冲と呼ぶようになった）

破

害

の四つの支の関係がピックアップされています。

この刑衝破害は『李虚中命書』の中ですでに論じられています。『通變淵源』では、正官が刑衝破害に逢うと好ましくないとしています。しかしこの刑冲破害の中で実際の作用として冲の作用が一番大きいと考えられています。

冲は六冲と呼ばれ、

子午相冲
丑未相冲
寅申相冲
卯酉相冲
辰戌相冲
巳亥相冲

の六つの関係で、冲は合に逢うと開くと考えられています。

例えば、

年支と月支に冲が逢えば、故郷を離れ、他郷で家を成す。
月支と日支に冲に逢えば、夫婦縁が変わり、再婚する。
日支と時支に冲が逢えば、妻を剋し、子を損なう。

というような判断をします。

また、刑は三刑と呼ばれ、

巳刑申、申刑寅、寅刑巳は、時勢の刑
丑刑戌、戌刑未、未刑丑は、無恩の刑
子刑卯、卯刑子は、無禮の刑

の三つがあります（『淵海子平』では、辰、午、酉、亥のそれぞれが二つ並ぶことを自刑の刑という）。

この刑の関係を注意深く見ていくと、合や冲が重なっている申巳、申寅、未丑等があります。

害は六害とも言われ、

丑午相害
子未相害
寅巳相害
卯辰相害
申亥相害
酉戌相害

の六つがあり、おもに六親を剋すると言われています。

丑辰戌未の支は、雑気とも呼ばれ、地支に三つの干が蔵していると考えますから、庫の状態となっています。その庫を開く鍵、つまり刑冲破害が命式にあるときは、運勢においてそれを開く刑冲破害が必要になってきます。つまり月支が合冲に逢えば、月支は庫と呼ばれ、官が蔵すれば官庫、財が蔵すれば財庫と呼びます。

また、時支の丑辰未戌は墓と呼ばれ、時支が合冲に逢えば、同じく官が蔵すれば官墓、財なら財墓と呼びます。つまり、この合冲を開く、運勢で合冲が開くとき、庫や墓の財官が開き、それが好ましいか忌むのかは、日主の強弱によって決定されるのです。

これまでに説明した地支の特別な関係は、格局別の判断のとき、合、冲、三合、刑、空亡を喜ばないケースが出てきます。

合冲の例を看て見ましょう。

【例】

年干支　丙寅

月干支　戊戌　冲

日干支　壬辰　冲

時干支　庚子

この命式は、月支と日支が辰戌の冲になっていますから、辰を合する酉、戌を合する卯の運勢で冲が開きます。また、戌月の雑気に生れているので、財官が共に庫の状態にあると見ることができます。

命式の立て方（起法）

起例とは、命式を起こす、つまり、立てる方法であり、子平では生年月日時の干支を並べることで、徐大昇の時代は、八字を現在のような横に表記ではなく、以下のように縦に表記しています。

年本　月　日主　時　大運　流年

此法不用胎元，小運，只以年月日時，流年歳君，大運参考是矣，所有起例併具於前。

年が本（年が本体）

月

日が主（日が主体）

時

大運

流年

この法は、胎元（受胎の時）や小運（六壬や紫微で用いられる小限のこと）を用いず、ただ年月日時、流年歳君、大運これを参考にし、所有の起法で命式を立て術者の前に置いて鑑定用に備えます。

年柱は、本といって当人の社会的立場を表します。日主は、自分自身を表し、自分が生きている主観的な良し悪しを感じるところになります。日主と年柱の関係が主本不和となっている人は、社会的な自分の立場を築くのに大きな障害を多く持っていると言えます。また年月が合去する命式は、自分の社会的立場という価値観が気薄なために、社会と上手に折り合いがとれない人に多く見受けられます。

それでは実際の例をあげて説明していきましょう。

【例】一九八六年十月十四日二三時三〇分の子時、香川県に生まれた女性の八字を作成する

流年歳君　辛丑（二〇二一年、三十六歳の一年間）
交第四運　甲午（三十二～四十一歳の十年間）

年干支　丙寅（ひのえとら）
月干支　戊戌（つちのといぬ）
日干支　壬辰（みずのえたつ）
時干支　庚子（かのえね）
大運二歳運　陰男陽女の逆運　流年歳君　辛丑年　三十六歳
　二歳～　十一歳　丁酉　金局
　十二歳～二十一歳　丙申　金局
二十二歳～三十一歳　乙未　火局
三十二歳～四十一歳　甲午　火局　交第四運　現在の流年
四十二歳～五十一歳　癸巳　火局
五十二歳～六十一歳　壬辰　木局
六十二歳～七十一歳　辛卯　木局
七十二歳～八十一歳　庚寅　木局
八十二歳～九十一歳　己丑　水局
九十二歳～　百一歳　戊子　水局

流年歳君は、本年もしくは占う年の年干支のことで、徐大昇は大運を交第〇運というように何番目の大運であるかを表記しています。大運は、生年干支の男女の陰陽によって順逆に月干支を並べていきます。命式の立て方は、『【正伝】子平推命の基礎』（中西悠翠著・阿藤大昇監修　太玄社）を参照してください。

通変星の振り方

通変星の振り方は以下のとおりです。

日主甲と甲は**比肩**　陽干と陽干、陰干と陰干の組み合わせになる。
日主甲と乙は**陽刃**　陽干と陰干が「陽刃」、陰干と陽干「敗財」となる。
日主甲と丙は**食神**　陽干と陽干、陰干と陰干の組み合わせになる。
日主甲と丁は**傷官**　陽干と陰干、陰干と陽干の組み合わせになる。
日主甲と戊は**偏財**　陽干と陽干、陰干と陰干の組み合わせになる。
日主甲と己は**正財**　陽干と陰干、陰干と陽干の組み合わせになる。
日主甲と庚は**偏官**　陽干と陽干、陰干と陰干の組み合わせになる。
日主甲と辛は**正官**　陽干と陰干、陰干と陽干の組み合わせになる。
日主甲と壬は**偏印**　陽干と陽干、陰干と陰干の組み合わせになる。
日主甲と癸は**正印**　陽干と陰干、陰干と陽干の組み合わせになる。

日主甲以外の乙～癸は、次の「天干通変図」より通変星を求めていきます。

天干通変図

日主＼他の干	甲	乙	丙	丁	戊	己	庚	辛	壬	癸
甲	比肩	敗財 陽刃	食神	傷官	偏財	正財	七殺	正官	偏印	正印
乙	敗財	比肩	傷官	食神	正財	偏財	正官	七殺	正印	偏印
丙	偏印	正印	比肩	敗財 陽刃	食神	傷官	偏財	正財	七殺	正官
丁	正印	偏印	敗財	比肩	傷官	食神	正財	偏財	正官	七殺
戊	七殺	正官	偏印	正印	比肩	敗財 陽刃	食神	傷官	偏財	正財
己	正官	七殺	正印	偏印	敗財	比肩	傷官	食神	正財	偏財
庚	偏財	正財	七殺	正官	偏印	正印	比肩	敗財 陽刃	食神	傷官
辛	正財	偏財	正官	七殺	正印	偏印	敗財	比肩	傷官	食神
壬	食神	傷官	偏財	正財	七殺	正官	偏印	正印	比肩	敗財 陽刃
癸	傷官	食神	正財	偏財	正官	七殺	正印	偏印	敗財	比肩

この「天干通変図」に、徐大昇は「已上の十干の通変は専ら以って日上の天元が主と為し、四柱の中において看て得た何れの干神を定めその格局とし、然後、格局を以ってこの災福を言う。大運、行年歳君もこのごとく定める。」と、説明を加えています。

すでに記した十干の通変は、日干の天干が主（日主という）となりますが、四柱の中の月、時、年の何れかの天干を格局として定め、しかる後に格局によって災福を言うことができます。大運や流年も同様に格局を定めて禍福を看ていきます。

次に、「天干通変図」の縦の甲乙…癸が日主で、横が年月時、大運、流年、月運の通変星を求めていきます。

では、八字の天干に通変星を振ってみましょう。

【例】

偏財　丙寅（ひのえとら）
偏官　戊戌（つちのといぬ）
日主　壬辰（みずのえたつ）
偏印　庚子（かのえね）

地支造化図

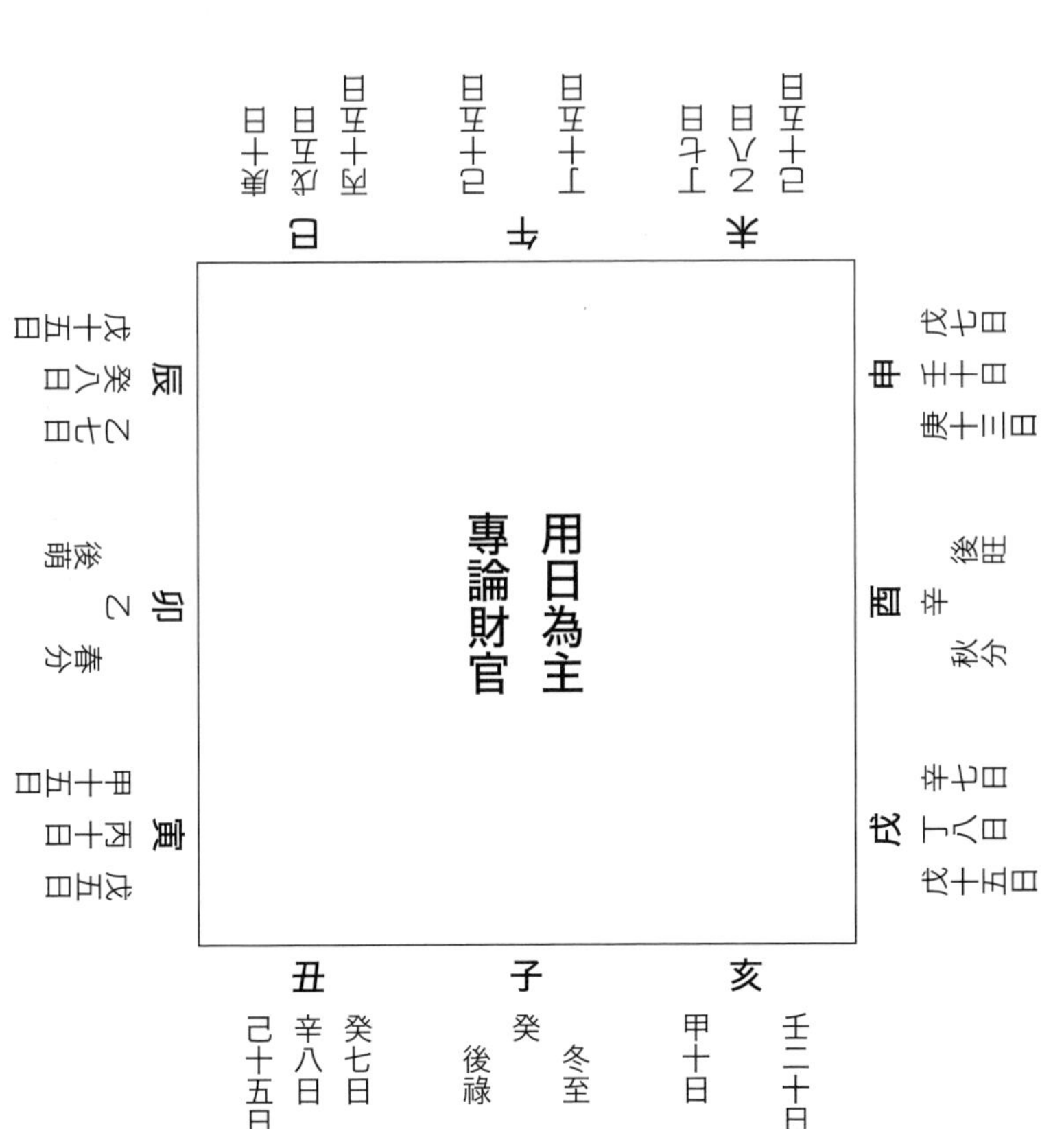
用日為主
専論財官
未
己十五日
乙八日
丁七日
午
丁十五日
己十五日
巳
丙十五日
戊五日
庚十日
申
戊七日
壬十日
庚十三日
酉
後旺
辛
秋分
戌
辛七日
丁八日
戊十五日
亥
壬二十日
甲十日
子
冬至
癸
後祿
丑
癸七日
辛八日
己十五日
寅
甲十五日
丙十日
戊五日
卯
後萌
乙
春分
辰
戊十五日
癸八日
乙七日

支中所蔵の干の見方

前ページの「地支造化図」とは以下のようなものです。

用日為主　専論財官

亥　壬二十日
　甲十日
子　癸　冬至後祿
丑　癸七日
　辛八日
　己十五日
寅　戊五日
　丙十日
　甲十五日
卯　乙　春分後萌
辰　乙七日
　癸八日
　戊十五日
巳　庚十日

　　戊五日
　　丙十五日
午　丁十五日
　　己十五日
未　丁七日
　　乙八日
　　己十五日
申　戊七日
　　壬十日
　　庚十三日
酉　辛　秋分後旺
戌　辛七日
　　丁八日
　　戊十五日

如四柱中并歳運，看得何支以支中所蔵者天干前圖相合，得何格局以断之。

四柱の中並びに歳運の如くは、看て得た何れの支は、支中所蔵の者が天干前図と相合を以って何れの格局を得るかを以ってこれを断ずる。

四柱の年月日時と歳運の地支は、その地支中の所蔵の者の天干が前図の「天干通変図」で看たときと同じ天干の通変星によって何格になるかを判断します。そしてそれは日主を用いて専ら財官を論じて命式にある財官の有無から格局を求めていきます。

以上の支中所蔵の干の通変星より、

正官(せいかん)
偏官(へんかん)**（七殺**(しちさつ)**）**　特に吉の通変星は偏官と表記します。
正財(せいざい)
偏財(へんざい)
傷官(しょうかん)
食神(しょくじん)
比肩(ひけん)　月支は建禄格、日支は日禄、時支は帰禄格になる。
陽刃(ようじん)**（敗財）**　月支は月刃格、日支は日刃、時支は陽刃になる。
正印(せいいん)　特に吉通変星は、印綬と呼びます。
偏印(へんいん)

の八つが「天干通変図」と「地支造化図」より求められます。

通変星は、蔵干によって、

一．正気の通変星　卯酉午子、寅巳申亥の月支で取った通変星。

二．雑気の通変星　辰戌未丑月の月支で取った通変星。

の三つに分けることができます。

三、それ以外の通変星

この通変星によって格局を決定する方法を「正気法」と徐大昇は呼んでいます。

例えば、甲日の辛酉月の酉月には、辛三十日、そして秋分以後に旺となるとしています。つまり、辛の蔵干しかありませんから、この酉月で取った通変星は正気の官星となります。また甲日の戊戌月では、戊月は不正の気である雑気となりますから、戊十五日が天干に透出して雑気の財星になります。これ以外の蔵干が天干に透出していない場合は、正気でも雑気でもない通変星となります。

そしてこの正気法で求める格局を求める部位は、

月干（月と年が組んで財官が昇るような場合は、月年で格局を取ります）

年干

時干

日干

のそれぞれになりますが、用神も同じ干になります。

徐大昇は、正気の官星の場合、月干に昇った通変星の格局を正局とし、時と年に昇った官星を官星隠露と呼んでいます。つまりその官星は、官星の品格が隠れてしまうと見ているのです。さらに偏官が月干以外の年時や地支の蔵干が年日時支のどれかに偏官があると雑と呼んで正官の気品を壊すとしています。

次に月支所蔵の干を振って見ましょう。

【例】

偏財　丙寅　　辛七日
偏官　戊戌　　丁八日
　　　　　　　戊十五日
日主　壬辰
偏印　庚子

この命式を見ると、月干支の戊と戌と、蔵干の戊十五日がつながっているだけでなく、注意深く見てみると辛七日と、時干の庚と丁八日は、年干の丙と五行が同じで、これらの蔵干は皆天干に透出しています。この命式は、戌の支中所蔵の三つの干の財官印綬がすべて透出しており、財官を用神としますから、雑気財官格が取れます。

日時で構成される特殊な命式

日時や日干支の特殊な組み合わせになるものや、格局に準ずるものとして、徐大昇は金神以下を定義しています。

金神（こんじん）　乙丑、己巳、癸酉の時柱、日主は甲と己。

拱禄（きょうろく）　十干禄を日時、あるいは年日で挟む命式。

拱貴（きょうき）　正気の正官の蔵している支を日時、年日で挟む命式。

日刃（にちじん）　戊午、丙午、壬子日。

日貴（にっき）　丁酉、丁亥、癸巳、癸卯日。時干支が日貴にあたる時間。時間の貴人は昼貴人と夜貴人があり、昼（寅～申時）は日貴と同じく、夜（酉～丑時）は夜貴人で貴人を求める。

日徳（にっとく）　甲寅、戊辰、丙辰、庚辰、壬戌日。

魁罡（かいごう）　壬辰、庚戌、庚辰、戊戌日。

時墓（じぼ）　財官が時柱の丑、辰、未、戌時に臨む命式。

などがあります。

例を挙げておきます。

【例】

偏財　丙寅
偏官　戊戌　魁罡
日主　壬辰　魁罡
偏印　庚子

格局の取り方

格局は全部で十八格局がありますが、以前の正気法で求めたものは、言わば、内格と呼ばれ、この正気法ではない方法で取っていく格局が徐大昇のオリジナルの格局であるといえます。言わば、外格は、財官が命式の干支に出ていない八字から求めますが、その十八格局には、求める順番があります。

徐大昇の十八格局とは以下のとおりです。

一．正官格（せいかんかく）
二．雑気財官格（ざっきざいかんかく）
三．月上偏官格（げつじょうへんかんかく）
四．時上偏財格（じじょうへんざいかく）
五．時上一位貴格（じじょういちいきかく）、または時上偏官格（じじょうへんかんかく）ともいう。

以上の五格が正気法によってとる格局だと徐大昇は述べています。

徐大昇は正気の官星を一番大切に考えていますから、正気の正官が第一、次に雑気の正官が大事になります。この正気法は、地支の用神を取るときにも重要な考え方になり、正気の官星が蔵する地支を最重要と考えて格局を決定しています。

六．飛天禄馬格（ひてんろくばかく）

飛天禄馬格以下の格局は、財官が命式に出ていない、つまり理想を言えば、財官の干支が命式に一点もなく、反対に財官を抑える干支で構成される命式が最も良く、その財官を蔵する地支を冲する地支が用神となります。ゆえに用神が地支に多くあることを喜びます。もし財官の干支が命式に一つでもあれば、格局の構成を破壊しますから、格局の成敗から見ると格局の成の基準点より減点対象になり、敗局の凶格として定義されます。命式に用神がない命式は、大運流年にその用神がきたときに成局し、用神が冲に遭うとき破局します。

七．倒衝格、または倒冲格ともいう。
八．乙己鼠貴格、または六乙鼠貴格ともいう。
九．合禄格
十．子遥巳格
十一．丑遥巳格
十二．壬騎龍背格
十三．井欄叉格
十四．帰禄格
十五．六陰朝陽格
十六．刑合格
十七．拱禄・拱貴格
十八．印綬格・雑気印綬格

以上の十七格に入らなければ、最後の十八番目の印綬格は内格になりますから、財官が命式に含まれる場合があります。しかし官と印綬は、相性は良いが、印綬は、財とは非常に相性が悪くなります。結局、印綬格で財が命式にあることは減点対象になり、官が印綬を生じる場合は良い命式になります。また印綬は命式に一つよりも、二つ、三つあるほうが上であると徐大昇は述べています。

日主の身強と身弱を詳しく看ると、財官が共にあり身強となる命式は少なく、日主以外が財官になると身弱になる傾向があります。反対に日主以外が全部印綬や比劫となる命式は身強となり、印綬格ではなく、飛天禄馬格や倒冲格になります。

内格の取り方（正気法）

正官格　蔵干が正気の官星

甲日酉月（辛）
乙日申月（庚）
丙日子月（癸）
丁日亥月（壬）
戊日卯月（乙）
己日寅月（甲）
庚日午月（丁）
辛日巳月（丙）
壬日午月（己）
癸日巳月（戊）

雑気財官格　蔵干が雑気の官星

甲日丑月（辛己）、戌月（辛戊）

乙日丑月（辛己）、戌月（辛戊）
丙日丑月（癸辛）
丁日丑月（癸辛）
戊日辰月（乙癸）
己日辰月（乙癸）
庚日未月（丁乙）
辛日未月（丁乙）
壬日戌月（丁戊）
癸日戌月（丁戊）

偏官格　蔵干が正気の官星

甲日申月（庚）
乙日酉月（庚）
丙日亥月（壬）
丁日子月（癸）
戊日寅月（甲）
己日卯月（乙）
庚日巳月（丙）
辛日午月（丁）
壬日巳月（戊）
癸日午月（己）

正財格　蔵干が正気の財星月

甲日丑、未月（己）
乙日辰、戌月（戊）
丙日酉月（辛）
丁日申月（庚）
戊日子月（癸）
己日亥月（壬）
庚日卯月（乙）
辛日寅月（甲）
壬日午月（丁）
癸日巳月（丙）

偏財格　蔵干が正気の財星

甲日辰、戌月（戊）
乙日丑、未月（己）
丙日申月（庚）
丁日酉月（辛）
戊日亥月（壬）
己日子月（癸）
庚日寅月（甲）
辛日卯月（乙）

壬日巳月（丙）
癸日午月（丁）

印綬格

正印　蔵干が正気の印星
甲日子月（癸）
乙日亥月（壬）
丙日卯月（乙）
丁日寅月（甲）
戊日午月（丁）
己日巳月（丙）
庚日丑、未月（己）
辛日辰、戌月（戊）
壬日酉月（辛）
癸日申月（庚）

偏印　蔵干が正気の印星
甲日亥月（壬）
乙日子月（癸）
丙日寅月（甲）
丁日卯月（乙）
戊日巳月（丙）

己日丁月（午）
庚日辰、戌月（戊）
辛日丑、未月（己）
壬日申月（庚）
癸日酉月（辛）

雑気印綬格　蔵干が雑気の印星

甲日辰月（癸）
乙日辰月（癸）
丙日辰、未月（乙）
丁日辰、未月（乙）
戊日未、戌月（丁）
己日未、戌月（丁）
庚日辰、戌月（戊）、丑、未月（己）
辛日丑、未月（己）、辰、戌月（戊）
壬日丑、戌月（辛）
癸日丑、戌月（辛）

傷官格　蔵干が正気の傷官、官殺が命式にないこと。

甲日午月（丁）
乙日巳月（丙）
丙日丑、未月（己）

丁日辰、戌月（戊）
戊日酉月（辛）
己日申月（庚）
庚日子月（癸）
辛日亥月（壬）
壬日卯月（乙）
癸日寅月（甲）

食神格　蔵干が正気の食神・官殺が命式にないこと。
甲日巳月（丙）
乙日午月（丁）
丙日辰、戌月（戊）
丁日丑、未月（己）
戊日庚月（申）
己日辛月（酉）
庚日亥月（壬）
辛日子月（癸）
壬日寅月（甲）
癸日卯月（乙）

建禄格　蔵干が正気の比肩、日主が身強は、必ず財官が命式にあって強い日主を抑えています。反対に日主の身弱は、印綬と比劫に助けられます。

甲日寅月（甲）
乙日卯月（乙）
丙日巳月（丙）
丁日午月（丁）
戊日辰、戌月（戊）
己日丑、未月（己）
庚日申月（庚）
辛日酉月（辛）
壬日亥月（壬）
癸日子月（癸）

月刃格　蔵干が正気の敗財、日主が身強は、必ず財官が命式にあって強い日主を抑えています。反対に日主の身弱は、印綬と比劫に助けられます。

甲日卯月（乙）
乙日寅月（甲）
丙日午月（丁）
丁日巳月（丙）
戊日丑、未月（己）
己日辰、戌月（戊）
庚日酉月（辛）
辛日申月（庚）

壬日子月（癸）
癸日亥月（壬）

外格の取り方

飛天禄馬格　庚、壬日で地支に子が多い命式、正気の官星の午を冲する子が用神。
辛、癸日で地支に亥が多い命式、正気の官星の巳をする亥が用神。

倒冲格　丙日で、午の地支が多い命式、正気の官星の子を冲する午が用神。
丁日で、巳の地支が多い命式、正気の官星の亥を冲する巳が用神。
辛、癸日で、亥の地支が多い命式、正気の官星の巳を冲する亥が用神。

六乙鼠貴格　六乙日の丙子時の命式、丙が正気の官星の庚辛を抑えます。

合禄格　六戊日の庚申時の命式、正気の正官の乙と時柱が合する庚申が用神。
六癸日の庚申時の命式、正気の官星が巳の蔵干戊と申が合します。

子遥巳格　甲子日で甲子時の命式、巳の蔵干戊と子の蔵干癸が合して、巳の蔵干丙を動かし丙辛の合は、正気の正官辛を得るゆえに子が用神。

丑遥巳格　辛、癸日で地支に丑が多い命式、巳の蔵干丙戊が辛癸日の正気の官星を得るゆえに丑が用神。

壬騎龍背格　壬辰日または壬寅日で、地支に辰が多い命式、戊の蔵干丁戊の財官を冲で抑える辰が用神。

井欄叉格　庚日で、庚申、庚子、庚辰の干支が命式に多くある、申が用神。

帰禄格　甲日で、丙寅時の命式。

乙日で、己卯時の命式。
丙日で、癸巳時の命式。
丁日で、丙午時の命式。
戊日で、丁巳時の命式。
己日で、庚午時の命式。
庚日で、甲申時の命式。
辛日で、丁酉時の命式。
壬日で、辛亥時の命式。
癸日で、壬子時の命式。

六陰朝陽格

六辛日で、戊子時の命式、辛の正官の丙は、戊がきて丙を動かして辛日が正官を得るゆえに子が用神。

刑合格

六癸日で、甲寅時の命式、癸日の正気の官星戊は、寅巳の刑である巳の蔵干の戊と合するがゆえに癸日は官星を得る。寅が用神で、甲は官星の戊己を抑えます。

拱貴格

甲寅日で、甲子時は丑の辛を挟む命式。
甲戌日で、壬申時は酉の辛を挟む命式。
戊申日で、戊午時は未の乙を挟む命式。
乙未日で、乙酉時は申の庚を挟む命式。

拱禄格

丁巳日で、丁未時は午の丁を挟む命式。
己未日で、己巳時は午の己を挟む命式。
癸丑日で、癸亥時は子の癸を挟む命式。

癸亥日で、癸丑時は子の癸を挟む命式。
戊辰日で、戊午時は巳の丙を挟む命式。

準格局の取り方

金神　甲、己日で、乙丑時の命式。
甲、己日で、己巳時の命式。
甲、己日で、癸酉時の命式。

日刃　戊午、丙午、壬子日。

日貴　丁酉、丁亥、癸巳、癸卯日。

時貴　丙、辛日で、丁酉時の命式　夜貴人。
庚、乙日で、丁亥時の命式　夜貴人。
丙、辛日で、癸巳時の命式　昼貴人。
丁、壬日で、癸卯時の命式　昼貴人。

日徳　甲寅、戊辰、丙辰、庚辰、壬戌日。

魁剛　壬辰、庚戌、庚辰、戊戌日。

時墓　甲日乙丑、甲戌時。
乙日丁丑、丙戌時。
丙日己丑時。

丁日辛丑時。
戊日丙辰時。
己日戊辰時。
庚日庚辰、丙戌時。
辛日壬辰、戊戌時
壬日丁未、庚戌時
癸日己未、壬戌時。

空亡

六甲空亡。

六十甲子図

六十干支										空亡
甲子	乙丑	丙寅	丁卯	戊辰	己巳	庚午	辛未	壬申	癸酉	戌亥
甲戌	乙亥	丙子	丁丑	戊寅	己卯	庚辰	辛巳	壬午	癸未	申酉
甲申	乙酉	丙戌	丁亥	戊子	己丑	庚寅	辛卯	壬辰	癸巳	未午
甲午	乙未	丙申	丁酉	戊戌	己亥	庚子	辛丑	壬寅	癸卯	辰巳
甲辰	乙巳	丙午	丁未	戊申	己酉	庚戌	辛亥	壬子	癸丑	寅卯
甲寅	乙卯	丙辰	丁巳	戊午	己未	庚申	辛酉	壬戌	癸亥	子丑

郵便はがき

恐縮ですが
切手をお貼り
ください

1 0 1 0 0 5 1

東京都千代田区神田神保町3-2
高橋ビル2階

株式会社 太玄社

愛読者カード係 行

<table>
<tr><td>フリガナ</td><td></td><td>性別</td></tr>
<tr><td>お名前</td><td></td><td>男 ・ 女</td></tr>
<tr><td>年齢</td><td>歳</td><td>ご職業</td></tr>
<tr><td>ご住所</td><td colspan="2">〒</td></tr>
<tr><td>電話</td><td colspan="2"></td></tr>
<tr><td>FAX</td><td colspan="2"></td></tr>
<tr><td>E-mail</td><td colspan="2"></td></tr>
<tr><td>お買上
書　店</td><td colspan="2">都道
府県　　市区
郡　　書店</td></tr>
</table>

ご愛読者カード

ご購読ありがとうございました。このカードは今後の参考にさせていただきたいと思いますので、アンケートにご記入のうえ、お送りくださいますようお願いいたします。

●お買い上げいただいた本のタイトル

●この本をどこでお知りになりましたか。

1. 書店で見て
2. 知人の紹介
3. 新聞・雑誌広告で見て
4. DM
5. その他（　　　　　　　　　　　　）

●ご購読の動機

●この本をお読みになってのご感想をお聞かせください。

●今後どのような本の出版を希望されますか？

購入申込書

本と郵便振替用紙をお送りしますので到着しだいお振込みください（送料をご負担いただきます）

書　　籍　　名	冊数
	冊
	冊

●弊社からのDMを送らせていただく場合がありますがよろしいでしょうか？

□はい　　□いいえ

空亡は、陽干支が空、陰干支が亡といい、この空亡が命式に二つあることを恐れ、火金は空亡を恐れないという説があります。火の空亡は、炎上するだけで元々空虚であり、金は鐘が鳴るだけで元々空虚であるために空亡を恐れないとしています。

天徳・月徳の求め方

命式が作成されて格局と準格局の表記が終わり、最後に八字の干支に天徳、月徳があるかどうかを看ます。もし天徳、月徳が命式にある場合は、さらに貴人が八字にあるかどうかを看ていくことになります。

天徳

寅月	丁
卯月	申
辰月	壬
巳月	辛
午月	亥
未月	甲
申月	癸
酉月	寅
戌月	丙

亥月　乙
子月　巳
丑月　庚

例を挙げておきます。

【例】　天徳　辛は忌神であるゆえに凶殺があるが解約される

　　乙卯
天徳　辛巳
　　丁卯
　　甲辰

月徳

寅午戌月　丙
亥卯未月　申
申子辰月　壬
巳酉丑月　庚

【例】　筆者　寅は月徳あるゆえに凶殺は解約される

辛丑　庚寅　庚が月徳、寅が天徳

丁酉　庚寅は、官禄貴・破禄は凶が解約される
己巳　寅天弔殺・大耗殺・三刑殺（寅刑巳）は解約される
乙丑　庚子申は天乙貴人、天乙貴・本家＋月徳の大吉

これは、「如人命中先犯兇殺，若遇二徳神救者，兇不為兇，更得貴人扶助，作顕貴之命。（人の命中で先に兇殺を犯せば、もし二徳神の救うものに逢えば、兇が兇と為さず、更に貴人の相助を得れば、顕貴の命を作る）」と記されていることからも説明されています。

凶殺や貴人の天乙貴人は、それ以外の貴人や凶殺の神殺を指している可能性がありますから、三命書の『續集星命総括新集』の神殺を吟味した後、最終的に格局と干支の喜忌を求めていくべきです。

『續集星命総括新集』の見方が、もし徐大昇以前の見方だとしたら、この書の添削を行ったのが徐大昇の発表した『子平三命通變淵源』であり、八字の新たな見解に発見につながると推測しています。

次に、天徳・月徳を実際に振って見ましょう。

【例】

天徳・月徳　丙寅
戊戌
壬辰
庚子

年干の丙に天徳と月徳がありますので、二徳が重なっています。

命式と運勢の喜忌の振り方

正官、偏官格は、財官が喜神で、食傷、印綬、比劫が忌神になります。

身弱の正官、偏官格は、印綬、比劫、食傷が喜神で、財官が忌神になります。

正財、偏財格は、食傷、財官が喜神で、比劫、印綬が忌神になります。

身弱の正財、偏財格は、比劫、印綬が喜神で、財官、食傷が忌神になります。

雑気財官格は、財官が喜神で、食傷、印綬、比劫が忌神になります。

身弱の雑気財官格は、食傷、印綬、比劫が喜神で、財官が忌神になります。

印綬格は、印綬、官殺、比劫が喜神で、財、食傷が忌神になります。

身強の印綬格は、財官、食傷が喜神で、比劫、印綬が忌神になります。

傷官、食神格は、食傷、財が喜神、官殺、印綬、比劫が忌神になります。

身弱の傷官、食神格は、印綬、比劫が喜神で財官、食傷が忌神になります。

月刃、建禄格は、財官、食傷が喜神、比劫、印綬が忌神になります。

身弱の月刃、建禄格は、比劫、印綬が喜神で、財官、食傷が忌神になります。

財官を忌む特殊格局は、財官と地支にある財官の干が忌神になりますが、用神の地支を冲合する地支が最大の忌神になります。反対に忌神を合冲する地支が喜神になります。


次に、貴人と喜忌（○×）を実際に振って見ましょう。

【例】

用神は◎（地支の用神）
喜神は○
忌神は×
喜忌相半は△（地支所蔵の者が二支の場合）
一喜二忌は△（地支所蔵の者が三支の場合）
二喜一忌は○（地支所蔵の者が三支の場合）
○に天徳、月徳が逢えば◎に、×に逢えば△に、△に逢えば、○と表記します。

神殺　**干**　**支**　**準格局**
二徳　◎丙　寅○　木・火
○戊　戌○　冲　魁罡（月令は土用前の金令の月）
×壬　辰○　冲　魁罡
×庚　子×　水
大運　正財　○丁　酉◎戌辰の冲の財官の庫を開く。
二徳　偏財　◎丙　申×寅を冲去
化金　正印　×乙　未○財官の根　空亡の亡
食神　×甲　午○子を冲去　空亡の空
仮化火正財　○癸　巳○財と印綬の根　天乙貴人

比肩　×壬　辰△官と印綬の根
正印　×辛　卯◎戌辰の沖の財官の庫を開く。
偏印　△庚　寅○財の根
正官　○己　丑○子と合去
偏官　○戊　子×
　　　　　　亥×寅と合去
　　　　　戌○財官の根

徐大昇の蔵干理論の考察

徐大昇の原典の「地支造化図」は以下のとおりです。

亥月　壬二十日　甲十日
子月　癸　冬至後祿
丑月　癸七日　辛八日　己十五日
寅月　戊五日　丙十日　甲十五日
卯月　乙　春分後萌
辰月　乙七日　癸八日　戊十五日
巳月　庚十日　戊五日　丙十五日
午月　丁十五日　己十五日

未月　丁七日　乙八日　己十五日
申月　戊七日　壬十日　庚十三日
酉月　辛　秋分後旺
戌月　辛七日　丁八日　戊十五日

【筆者註】『子平淵源（韓国蔵本）』の「地支造化図」と李欽の『淵海子平』の「論支中所蔵」には、以上と同様の干の配当のみが書かれて、肝心な蔵干日数の配当が書かれていません。そして寅だけは丙甲の二つが配当されています。おそらくこの子平淵源のテキスト以降に蔵干の配当と蔵干日数が再考されたのではないでしょうか。

以上の蔵干日数はおおよそ毎月三十日で統一されていますが、ここで考察を加えてみたいと思います。
地支に干を振る方法としては、神殺の十干禄を振っていったと考えられ、以下のとおりです。
寅に甲
卯に乙
巳に丙戊
午に丁己
申に庚
酉に辛
亥に壬
子に癸
が正気の蔵干として配当されています。
辰戌丑未は、雑気の支となり、辰戌に戊が、丑未に己が配当されます。
また六壬の寄宮では、

甲は寅
乙は辰
丙は巳
丁は未
戊は巳
己は未
庚は申
辛は戌
壬は亥
癸は丑

というように地支に十干を配合させています。
この方法では卯酉子午の仲支に十干が配当されておりません。
徐大昇の「地支造化図」は、

寅（火局）
巳（金局）
申（水局）
亥（木局）

の三合会局の地支の各五行に十日を配当しています。
そして、雑気の季支の、
辰（水局）、木の方局

未（木局）、火の方局
戌（火局）、金の方局
丑（金局）、水の方局
の地支に三合の五行に八日と方局の五行に七日か五日の残りの蔵干を配当しています。さらに余った部分に十干禄の戊土が配当されています。

寅に甲十五日　＋　**丙十日　十干禄の戊五日**
卯に乙三十日
辰に戊十五日　癸八日　乙七日
巳に丙十五日　**十干禄の戊五日**　＋　**庚十日**
午に丁十五日　己十五日
未に己十五日　乙八日　丁七日
申に庚十三日　＋　**壬十日　十干禄の戊七日**
酉に辛三十日
戌に戊十五日　丁八日　辛七日
亥に壬二十日　＋　**甲十日**
子に癸三十日
丑に己十五日　辛八日　癸七日

戊土と己土の日数が多いのは、十干禄の配当が巳に丙戊の干が集中し、午に丁己の干が集中したことを一つの視点として、巳を中心に巳申の刑、申寅の刑、寅巳の刑によって刑される地支巳申寅のそれぞれに巳に戊五日、申に戊七日、寅に戊五日が配当されているからです。

詳しく表記すると次のようになります。

巳　庚十日　戊五日　丙十五日　巳申の刑の申に戊七日、申寅の刑の寅に戊五日、寅巳の刑の巳に戊五日で、戊が合計十七日配当されています。本来の辰戌の四季は、戊が各十五日全部で四十七日になり、そこから十干禄を配当した巳申寅の合計戊十七日を引くと戊三十日になります。

ただ、なぜ丙と庚の間に戊を挟んだのかが不明です。

午　丁十五日　己十五日　午には己十五日が配当されています。本来の丑未の四季は、己が各十五日全部で四十五日になり、そこから午に十干禄を配当した己十五日を引くと己三十日になります。

この十干禄の戊と己は、日主壬の正気の正官が午の支中所蔵の己土を取り、日主癸の正気の正官が巳の支中所蔵の戊五日を取っています。辛癸日もまた、巳の支中所蔵の丙が辛の正気の正官を、癸の正気の正官も巳の支中所蔵の戊五日を取っています。

日主壬と癸の正気の官星が午と巳を取っていますが、なぜ四季の辰戌丑未を取らないのかというと、雑気の官星となるからです。

蔵干の合計日数は以下のとおりです。

甲二十五日　寅月の甲十五日　亥月の甲十日
乙四十五日　卯月の乙三十日　辰月の乙七日　未月の乙八日
丙二十五日　巳月の丙十五日　寅月の丙十日
丁三十日　　午月の丁十五日　未月の丁七日　戌月八日
戊四十七日　巳月の戊五日　寅月の戊五日　申月の戊七日 辰戌の各戊十五日
己四十五日　午月の己十五日　未月の己十五日　丑月の己十五日
庚二十三日　申月の庚十三日　巳月の庚十日

辛四十五日　酉月の辛三十日　戌月の辛七日　丑月の辛八日
壬三十日　亥月の壬二十日　申月の壬十日
癸四十五日　子月の癸三十日　辰月の癸八日　丑月の癸七日

そこに十干禄の配当をプラスマイナス（＋－）したものが次のものです。

甲二十五日　＋　十干禄の寅の戊五日＝三十日
乙四十五日　－　辰未の十五日＝三十日
丙二十五日　＋　十干禄の巳の戊五日＝三十日
丁三十日
戊四十七日　－　十干禄の巳申寅の戊十七日＝三十日（甲丙庚に配当済）
己四十五日　－　十干禄の午の己十五日＝三十日
庚二十三日　＋　十干禄の申の戊七日＝三十日
辛四十五日　－　戌丑の辛十五日＝三十日
壬三十日
癸四十五日　－　辰丑の癸一五日＝三十日

これで、すべての十干の日数が三十日に統一されます。つまり、合計で、十干×三十日＝三〇〇日、余りの乙十五日、己十五日、辛十五日、癸十五日を加えると三六〇日になるのです。

この蔵干理論は、オリジナルの十八格局を求めるために創られたものであって、一般の月令から求められた蔵干とはまったく異なります。ゆえに地支本来の五行の配当は、十干禄の戊己を配当した巳寅申午の土支を除くと、

子午卯酉の仲支は五行が一行、子水、午火、卯木、酉金、

寅申巳亥の孟支は五行が二行、寅木火、申金水、巳金火、亥木水、丑未辰戌の季支は、五行が三行、丑水金土、未火木土、辰木水土、戌金火土、が配当されることになります。

以上の考察から原典の「地支造化図」は、次のように修正されます。

亥月　甲十日　壬二十日（筆者註：正気の壬二十日が先に表記されていました）
子月　癸　冬至後祿
丑月　癸七日　辛八日　己十五日
寅月　戊五日　丙十日　甲十五日
卯月　乙　春分後萌
辰月　乙七日　癸八日　戊十五日
巳月　庚十日　戊五日　丙十五日
午月　丁十五日　己十五日
未月　丁七日　乙八日　己十五日
申月　戊七日　壬十日　庚十三日
酉月　辛　秋分後旺
戌月　辛七日　丁八日　戊十五日

蔵干理論の変遷

徐大昇以後の地支造化図の変遷を、各子平書の蔵干の日数の配当から見ていきましょう。

『子平三命淵源註解』の月律分野之図

寅	大簇	正月	艮土三日	丙火生五日	甲木二十二日	
卯	夾鐘	二月	甲木七日	乙木二十三日		
辰	姑洗	三月	乙木七日	癸水庫五日	戊土庫二十日	
巳	仲呂	四月	巽木三日	庚金生五日	戊土五日二分生	丙火二十二日
午	蕤賓	五月	丙火七日	己土九日三分	丁火二十三日	
未	林鐘	六月	丁火七日	乙木庫五日	己土十八日	
申	夷則	七月	戊土三日	壬水生五日	庚金二十二日	
酉	南呂	八月	庚金七日	辛金二十三日		
戌	無射	九月	辛金七日	丁火庫五日	戊土十八日	
亥	應鐘	十月	乾金三日	甲木生五日	壬水二十二日	
子	黄鐘	十一月	壬水七日	癸水二十三日	辛金十日七分	
丑	大呂	十二月	癸水七日	辛金庫五日	己土十八日	

【註】子月の「辛金十日七分」は明らかに誤植であると考えます。

『星學正傳』の月律分野之図

寅	大簇	正月	艮土三日	丙火生五日	甲木二十三日
卯	夾鐘	二月	甲木七日	乙木二十三日	
辰	姑洗	三月	乙木七日	癸水庫五日	戊土庫二十日
巳	仲呂	四月	巽木三日	庚金生五日	丙火二十二日
午	蕤賓	五月	丙火七日	丁火二十三日	
未	林鐘	六月	丁火七日	乙木庫五日	己土十八日
申	夷則	七月	坤土三日	壬水生五日	庚金二十二日
酉	南呂	八月	庚金七日	辛金二十三日	
戌	無射	九月	辛金七日	丁火庫五日	戊土十八日
亥	應鐘	十月	乾金三日	甲木生五日	壬水二十二日
子	黄鐘	十一月	壬水七日	癸水二十三日	
丑	大呂	十二月	癸水七日	辛金庫五日	己土十八日

【註】申月の「坤土三日」は、『淵源註解』では「戊土三日」となっています。

『三命通会』の「論人元司事」の蔵干説

寅　正月建寅　艮土用事五日　丙火長生五日　甲木二十二日
卯　二月建卯　甲木用事七日　乙木二十三日
辰　三月建辰　乙木用事七日　壬水墓庫五日　戊土二十日
巳　四月建巳　戊土用事七日　庚金長生五日　丙火十八日
午　五月建午　丙火用事七日　丁火二十三日
未　六月建巳　丁火用事七日　甲木墓庫五日　己土十八日
申　七月建申　坤土用事五日　壬水長生五日　庚金二十日
酉　八月建酉　庚金用事七日　辛金二十七日
戌　九月建戌　辛金用事七日　丙火庫五日　戊土十八日
亥　十月建亥　戊土用事五日　甲木長生五日　壬水二十日
子　十一月建子　壬水用事七日　癸水二十三日
丑　十二月建丑　癸水用事七日　庚金庫五日　己土十八日

『三命通会』では、李虚中の『玉井奥訣』の蔵干説を基に新たな蔵干説が述べられていて、さらに『酔醒子集』の「節気問答」を引用しています。

『淵海子平音義評註』の月律分野之図

寅　大簇　正月　戊七日二分半　丙七日三分半　甲十六日三分半
卯　夾鐘　二月　甲十日五分半　乙二十日六分半　癸長生
辰　姑洗　三月　乙九日三分　癸三日一分　戊十八日六分
巳　仲呂　四月　戊五日一分半　庚九日三分　丙十六日五分
午　蕤賓　五月　丙十日三分半　己十日三分半　丁十日三分半
未　林鐘　六月　丁九日三分　乙三日二分　己十八日六分
申　夷則　七月　己七日一分半　戊土三日一分半　壬三日一分半　庚十七日六分
酉　南呂　八月　庚十日五分半　辛金二十日七分半　丁己長生
戌　無射　九月　辛金九日三分　丁三日二分　戊十八日六分
亥　應鐘　十月　戊七日二分半　甲木五日分半　壬水十八日六分
子　黄鐘　十一月　壬十日五分　癸二十日七分　辛長生
丑　大呂　十二月　癸九日三分　辛三日一分　己十八日六分

李欽の『淵海子平』の月律分野之図

寅　大簇　己七日二分半　丙七日二分半　甲十六日五分
卯　夾鐘　甲十日五分半　乙二十日六分半　癸長生
辰　姑洗　乙九日三分　癸五日二分　戊十八日六分

巳　仲呂　庚九日三分　戊五日二分半　丙十六日五分
午　蕤賓　丙十日三分半　己九日三分半　丁七日三分半
未　林鐘　丁九日三分　乙三日二分　己十八日六分
申　夷則　己五日一分半　戊土三日一分半　壬三日一分半　庚十七日六分
酉　南呂　己七日五分半　辛金二十五日二分半　丁長生
戌　無射　辛金九日三分　丁三日二分半　戊十八日六分
亥　應鐘　戊七日二分半　甲木二日一分半　壬水十八日六分
子　黄鐘　壬十日五分　癸二十日七分　辛長生
丑　大呂　癸九日三分　辛三日一分　己十八日六分

『命理正宗』の地支造化図

寅　戊七日二分半　丙七日二分半　甲十六日五分
卯　甲十日三分半　乙二十日六分半　癸長生
辰　乙九日三分　癸二日一分　戊十八日六分
巳　庚七日二分半　戊七日一分半　丙十六日五分
午　丙十日三分半　己九日三分　丁十三日三分半
未　丁九日三分　乙三日一分　己十八日六分
申　戊己共七日　壬七日二分半　庚十六日五分
酉　庚十日三分半　辛二十日六分半　丁長生

戌　辛九日三分　丁三日一分　戊十八日六分
亥　戊七日二分半　甲七日二分半　壬十二日五分
子　壬十日三分半　癸二十日六分　辛長生
丑　癸九日二分　辛三日一分　己十八日六分

李虚中『玉井奥訣』の蔵干説

甲丙庚壬は各三十五日、丁乙辛癸は各三十日、戊己は各五十日で蔵干の合計は三百六十日になります。各月の蔵干の合計は、以下のようにみな三十日で統一されています。

寅　正月立春雨水節　己土七日　丙火五日　甲木十八日
卯　二月啓蟄春分節　甲木九日　癸水三日　乙木十八日
辰　三月清明雨水節　乙木九日　壬水三日　戊土十八日
巳　四月立夏小満節　戊土七日　庚金五日　丙火十八日
午　五月芒種夏至節　丙火九日　己土三日　丁火十八日
未　六月小暑大暑節　丁火七日　乙木五日　己土十八日
申　七月立秋處暑節　己土七日　戊土三日　壬水三日　庚金十七日
酉　八月白露秋分節　庚金七日　丁火三日　辛金二十日
戌　九月甘露霜降節　辛金七日　丁火五日　戊土十八日
亥　十月立冬小雪節　戊土七日　甲木五日　壬水十八日

子　十一月大雪冬至　壬水九日　辛金三日　癸水十八日
丑　十二月小寒大寒　癸水七日　辛金五日　己土十八日

『酔醒子集』の「節気問答」の蔵干説

寅　正月立春の後、陽木三十六日、艮土分野、丙戊長生
卯　二月啓蟄の後六日、陰木三十六日、癸水寄生
辰　三月清明後十二日、戊十八日、陽水帰庫、陰水返魂、夏秋冬亦如此
巳　四月立夏の後、陽火（丙火）が三十六日
午　五月芒種の後六日が陰火（丁火）
未　六月小暑の後十二日が己十八日
申　七月立秋の後、陽金（庚金）が三十六日
酉　八月白露の後、陰金（辛金）が三十六日
戌　九月甘露の後十二日が戊土十八日
亥　十月立冬の後、陽水（壬水）が三十六日
子　十一月大雪の後六日から陰水（癸水）が三十六日
丑　十二月小雪の後十二日が己十八日

各十干の蔵干は三十六日で、合計が三百六十日になり、この蔵干法は、節気蔵干と呼ばれています。「節気問答」の中で『李虚中命書』の蔵干論を引用しながら徐大昇の『淵海』『淵源』の三百五十七日の蔵干説

が批判されています。

結論を述べますと、徐大昇の意図した地支造化図の蔵干論は、子平の新しい著作が出る度に新しい論が発表されています。これは、暦の改暦とも深く関係していますが、子平の源流が、傍流の子平書になるほどかけ離れた蔵干説を生んでしまったことと関係があります。まずは徐大昇の原典の蔵干論に立ち戻って、自分の命式の格局の成否を確認する価値は充分あると思われます。

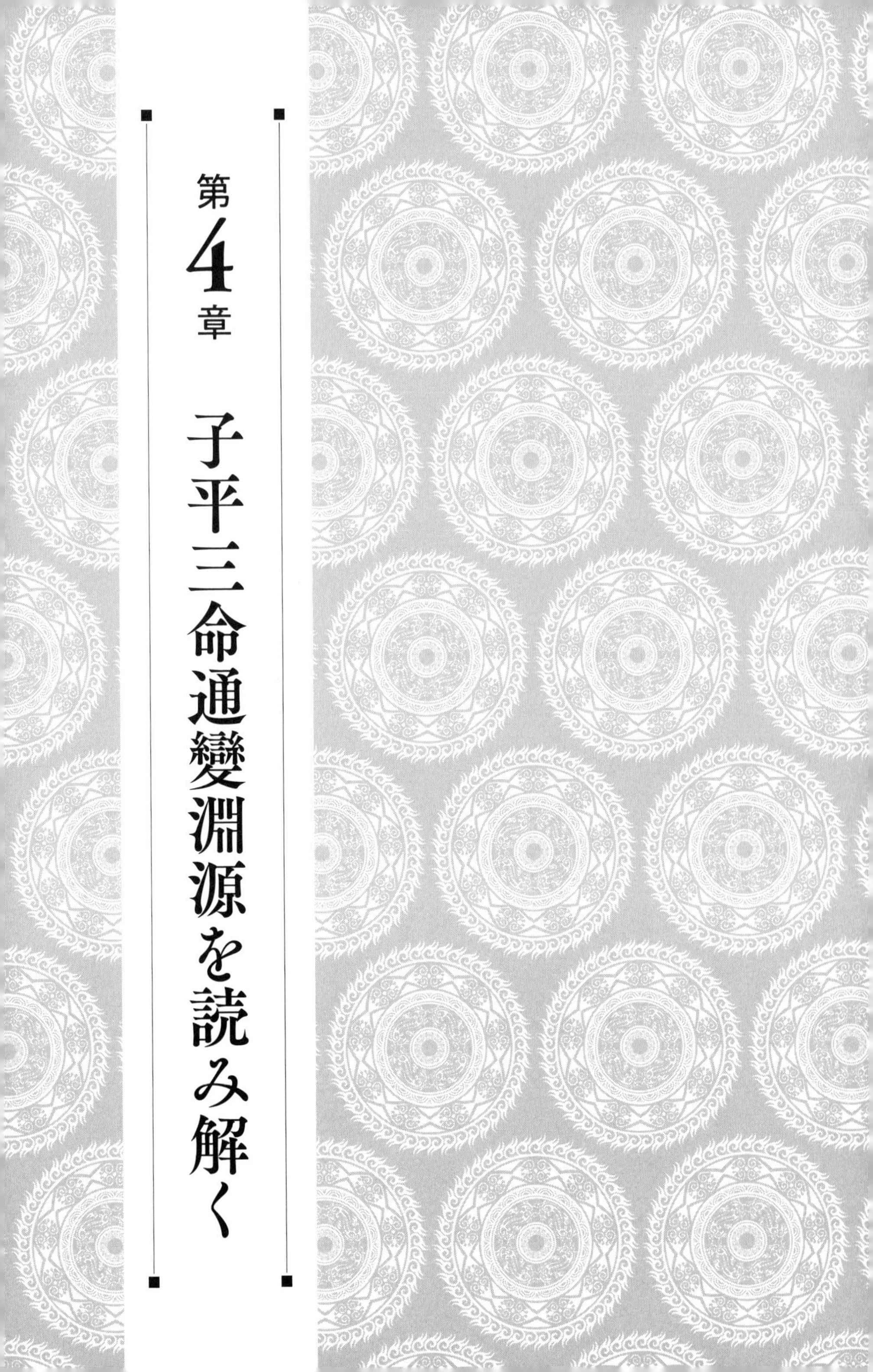

第4章 子平三命通變淵源を読み解く

子平三命通變淵源を読み解く

本章では、『子平三命通變淵源』の上巻を中心に原典をできる限り読み解くことに注力していきたいと思っています。それによって、本来の子平三命、子平真数を一人でも多くの読者に理解してもらいたいからです。では、まず序から見ていきましょう。

◉─序を読み解く

子平三命通變淵源序

夫五行通道，取用多門。物不精不為神，數不妙不為術。子平之法易學難精，有抽不抽之緒，有見不見之形。以日為主，搜用八字，先觀提綱之輕重，次詳時日之浅深。專論財官元無元有，日下支神財官有者最要純一。如有官星者不論格局，有格局者不喜官星。更看運神向背，自然蘊奥分明。假例六甲日為主，八月為正氣官星，若逢卯丁剋破，此謂有情無情。僕自幼慕術，參訪高人傳授子平真数定格局，歷學歲年，頗得真趣。今因閑暇，類成編次，尋其捷徑，名曰『通變淵源』。謹鋟于梓，以廣其傳。欲使後之學者，快其心目，開卷易曉。若能觀覽熟讀詳玩，則貴賤吉凶真如對鑑見形也。

寶祐十月望日東齋徐大昇序

五行の道に通じるには、多くの門派があるが、物というものは、不精ならば神とならず、数というものも不妙ならば術とならない。子平の法は学ぶのは易しいが、習得するのが難しく、理の糸口があるようで理がなく、形が見えるようで見えない。子平では日柱を主体にして八字の中に用神を捜し、先に提綱の軽重を観て、次に時日の浅深を詳しくする。専ら財官の元無元有（命式の干神に財官の有無）を論じ、日下の支神に財官のあるものは最も純一を要する。もし官星の有る者ならば、格局（飛天禄馬格等）を論ぜず、格局（飛天禄馬格等）の有る者は官星を喜ばない。更に運神の向背を看て、自然の蘊奥を明らかに分ける。仮に例えば六甲の日主は、八月（酉月）は正気の官星（月支蔵干の辛）と為すが、もし卯や丁の剋破に逢うならば、此れを有情と無情と謂う。わたくし（僕）は、幼きときより術を慕い、高人を参訪して子平真数の定格局の傳受を授かる。歴学歳年にして、頗る真趣を得る。今は閑暇に因り、分類編成して、その捷徑を尋ね、名曰く『通變淵源』、謹んで刻書板（鋟梓）にして、以って広く其れを傳える。この後を学ぶ者の其の心目を快く開巻易暁せしめ欲す。能く観覧、熟読、詳玩ごときをすれば、すなわち貴賎吉凶の真如は、対して鑑みる形となろう。

寶祐十月　望日　東齋　徐大昇序

【五行】納音五行。木が仁、火が礼、土が信、金が義、水が智。

【通道】道に達する。

【取用多門】多くの門派がある。ある五行の解釈や子平以外の五行を使った占い方等。

【物不精不為神、数不妙不為術】術というものは、数の術であっても現実を観察して現象を把握するには数年間の修練が必要になる。

【子平之法易学難精】子平の法は学ぶのは易しいが、習得するのが困難である。

【有抽無抽之緒】抽は理也。緒は糸口を指す。理の有無、糸口を掴むこと。

【有見不見之形】見えるもの見えないものの形。

【僕】自らを謙遜した詞。

【捷徑】近道。

【鋟于梓】刻書板。

◉——目次から全体を読み解く

次に目次を紹介しよう。

十八格

正官格　雜氣財官格　月上偏官格
時偏財格　時上一位貴格　飛天祿馬格
倒衝格　乙己鼠貴格　合祿格
子遙巳格　丑遙巳格　壬騎龍背格
井攔叉格　歸祿格　六陰朝陽格
刑合格　拱祿拱貴格　印綬格
雜氣印綬格

跋

下巻である、十八格については、本書では紙数の関係で触れられないが、上巻について詳細に見ていきたいと思います。

◉――天干通変図を見る

日主＼他の干	甲	乙	丙	丁	戊	己	庚	辛	壬	癸
甲	比肩	敗財 陽刃	食神	傷官	偏財	正財	七殺	正官	偏印	正印
乙	敗財	比肩	傷官	食神	正財	偏財	正官	七殺	正印	偏印
丙	偏印	正印	比肩	敗財 陽刃	食神	傷官	偏財	正財	七殺	正官
丁	正印	偏印	敗財	比肩	傷官	食神	正財	偏財	正官	七殺
戊	七殺	正官	偏印	正印	比肩	敗財 陽刃	食神	傷官	偏財	正財
己	正官	七殺	正印	偏印	敗財	比肩	傷官	食神	正財	偏財
庚	偏財	正財	七殺	正官	偏印	正印	比肩	敗財 陽刃	食神	傷官
辛	正財	偏財	正官	七殺	正印	偏印	敗財	比肩	傷官	食神
壬	食神	傷官	偏財	正財	七殺	正官	偏印	正印	比肩	敗財 陽刃
癸	傷官	食神	正財	偏財	正官	七殺	正印	偏印	敗財	比肩

以上の「天干通変図」の後に徐大昇は次のような説明を加えています。

已上十干通變專以日上天元為主，於四柱中看得何干神定其格局，然後以格局言之災福。若大運，行年歳君亦如此定矣。

已上の十干の通變は専ら以って日上の天元が主と為し（日主）、四柱の中において看て得た、何れかの干神をその格局として定め、然後、格局を以ってこの災福を言う。大運、行年歳君もまたこのごとく定める。

以上の十干の通変は、ここでは、天元は天干を指し、日上の天元とは、日干を指して、日主と言います。干神は、それぞれの四柱の年、月、時の天干のことで、この日主を主体に看て通変星を出しています。

【註】子平では、日干は特別な扱いになっていて、日主と呼ばれ、日主を主体に通変星を求めて、その後に格局を定めていきます。

以下、女性と男性の例をそれぞれ挙げておきます。

【例1】女性

干神	通変	干支	通変	大運逆運	通変	行運歳君（流年）
年干	偏財	丙寅	正財	丁酉	正官	己亥（２０１９年）
月干	七殺	戊戌	偏財	丙申		
日干	**日主**	壬辰	傷官	乙未		
時干	偏印	庚子	食神	甲午		
			陽刃	癸巳（日主が陽干の場合は陽刃と敗財が通変星になる）		
			比肩	壬辰		

干神年月時	甲	乙	丙	丁	戊	己	庚	辛	壬	癸
日上の天元　壬	**食神**	**傷官**	**偏財**	**正財**	**七殺**	**正官**	**偏印**	**正印**	**比肩**	**敗財陽刃**

「天干通変図」を参照して日上の天元、つまり、日干の上の壬が主体となって（日主という）干神である年干の丙が偏財、月干の戊が七殺（偏官）、時干の庚が偏印になります。

この干神が通変星となって、格局を定め、その後、格局によって災福となります。大運や歳運の干支の干神から求めた通変星によっても格局を定めることができます。

通変星を振るときは、干支に合冲があって天干のある特定の干は変化しますから、癸巳の大運は、戊癸の仮化火になり、丙丁の偏財と正財に通変星が変わります。

【例2】男性

干神	通変	干支	通変	大運逆運	通変	行運歳君（流年）
年干	食神	辛丑	正印	丙申	比肩	己亥（2019年）
月干	偏印	丁酉	七殺	乙未		
日干	**日主**	己巳	正官	甲午		
時干	七殺	乙丑	偏財	癸巳		
			正財	壬辰		
			食神	辛卯		

干神年月時	甲	乙	丙	丁	戊	己	庚	辛	壬	癸
日上の天元　己	**正官**	**七殺**	**正印**	**偏印**	**敗財**	**比肩**	**傷官**	**食神**	**正財**	**偏財**

年干の干神の辛は、日主己から看て食神、月干は偏印、時干は七殺（偏官）になります。

【註】ここでは、天元は天干、干神は、それぞれの年、月、時、大運、歳君の干を看て通変星を出しています。日主は特別な扱いになっていて、日主を主体に通変星を求めて、その後に格局を定めています。

◉──地支造化図を見る

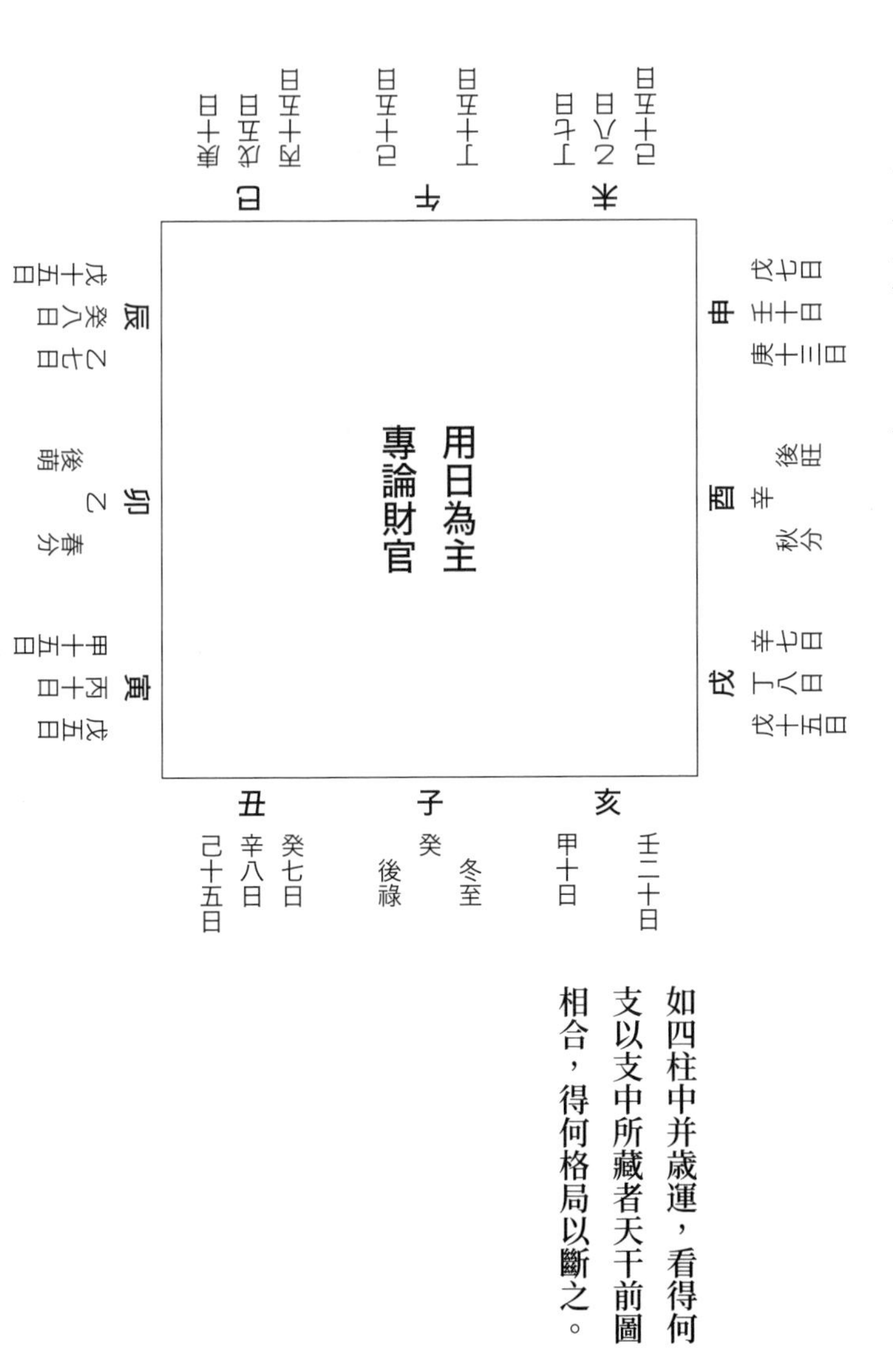

如四柱中并歲運，看得何支以支中所藏者天干前圖相合，得何格局以斷之。

この地支造化図は、四隅に描かれていて中央に「用日為主，専論財官」と記されています。

亥　壬二十日　※乾の天干配卦は、壬甲になる。
　甲十日
子　癸　冬至後祿
丑　癸七日
　辛八日
　己十五日
寅　戊五日
　丙十日
　甲十五日
辰　乙五日
　癸八日
　戊十五日
巳　庚十日
　戊五日
　丙十五日
午　丁十五日
　己十五日
未　丁七日

　　乙八日
　　己十五日
申　戊七日
　　壬八日
　　庚十三日
酉　辛　秋分後旺
戌　辛七日
　　丁八日
　　戊十五日

そして、図の下には、「如四柱中并歳運，看得何支以支中所蔵者天干前圖相合，得何格局以断之。（四柱の中、並びに歳運は、何の支を得て以って支中所蔵の者を以って前図と相合する得た何格を以ってこれを断ずる。）」と記されていましたが、後世の淵海子平のテキストには、重要なはずの子平の口訣が割愛されて伝承されたようです。

それでは実際に例を挙げて、格局を求めてみましょう。

【例1】　女性　地支造化図

偏財　丙寅　辛七日
七殺　戊戌　戌月丁八日　この命式は、戌月の丁八日は年干の丙と五行が相同します。

日主　壬辰　　　戊十五日　この命式は、戊月の戊十五日は月干の戊と相同します。
偏印　庚子

この命式は、戌月に生まれて、地支所蔵の者（一般には蔵干と呼ばれるようになった）が雑気（後述）の月生まれになります。つまり、年干に丙火と蔵干の丁火の五行が相同のものになり、月干の戊土は、蔵干の戊土と相同になります。つまり、この戊土の通変星の七殺が格局になりますが、徐大昇の説く格局は、ただこの通変星をもって格局を求めるのではなく、十八格のどこに入るか検討してから格局を求めていくものです。看命入式では、この七殺は、偏官として述べられています。

【例2】　男性　地支造化図
食神　辛丑　　　秋分
偏印　丁酉　酉月　辛　この命式は、年干の辛が地支所蔵の辛と相同します。
日主　己巳　　　後旺　この命式は、秋分以後に生まれているので辛が旺じます。
七殺　乙丑

この命式は、干神の辛と正気の蔵干の辛が相同のものとなり、食神の通変星が格局を求める手掛かりになります。

徐大昇の十八格の格局は、正気法とそれ以外の方法で求めていきますが、この章では、まず格局の候補となる通変星の特定ができるようになることが、格局を取る第一歩として取扱います。

日主を用にして、専ら財官を論じるというのは、まず命式に財官が天干に昇っているかを見ます。つまり財官の有無が格局を定める優先順位であり、それは先に紹介した序に次のように書かれています。

「子平では日柱を主体にして八字の中に用神を捜し、先に提綱の軽重を観て、次に時日の浅深を詳しくする。専ら財官が元命（命式）に有るか無いかを論じ、日干の下の日支の支神に財官のあるものは最も純一（正気であること）を要する。官星が命式にあるものは格局（飛天禄馬格等）を論ぜず、格局（飛天禄馬格等）の有るものは官星を喜ばず、更に運神の向背を看て、自然の蘊奥を明らかに分ける。仮に例えば六甲の日主では、八月（酉月）は正気の官星（月支蔵干の辛）が、卯や丁の剋破に逢うことを有情と無情という」

このように徐大昇は序において子平推命の格局の取り方を提示しています。しかしこの序が中国ではひたすら秘匿され続けてきたので、誰も徐大昇の子平推命の真髄を理解できなかったのです。

そこで、財官の命式の有無を見る方法を、次に例を挙げて見ていきます。

【例】

劫財　甲辰　乙七日　比肩
　　　　　　癸八日　偏印
　　　　　　戊十五日　正財
偏印　癸酉　辛三十日　七殺　辛は秋分以後に旺じる。

日主　乙亥　壬二十日　正印　※日主は三干一支の十日、印綬は一干二支の三十日になる。
　　　　　　甲十日　　劫財
劫財　甲申　戊五日　　正財
　　　　　　壬十日　　正印
　　　　　　庚十三日　正官

この命式は、蔵干が辛で、天干の干神に財官がまったくありません。このように、蔵干が天干に昇っていない命式は、正気法によって格局を求めることができませんから、特殊な格局を取ることになります。日の下、つまり、地支に財官があるかを論じるとき、年月の辰と酉は合して用途を失い、時支の申に財官があることが、格局を求める手がかりになります。

◉——起法

起例とは、47ページでも説明しましたが、命式を起こす、つまり、立てる方法であり、子平では生年月日時の干支を並べることです。ただし徐大昇の時代は、八字を現在のような横に表記ではなく、縦に表記しています。

年本　月　日主　時　大運　流年
年が本（年が本体）
月

日が主（日が主体）

時

大運　流年

年柱は、本と言って当人の社会的立場を表します。日主は、自分自身を表し、自分が生きている主観的な良し悪しを感じるところになります。日主と年柱の関係が主本不和となっている人は、社会的な自分の立場を築くのに大きな障害を多く持っていると言えます。

また年月が合去する命式は、自分の社会的立場という価値観が気薄なために社会と上手に折り合いが取れない人が多く見受けられます。

年干は、当人の本体を表しますから、この年干が合去に逢えば、喜忌に関係がなく、自分の社会的立場に変化が起こり、結局は個人的には、社会と協調しなければならない立場に置かれるので、自他共にとても不愉快な立場に立たされる傾向があります。

徐大昇の十八格では、正気の正官格が正しく取れる命式は滅多になく、天干に透出した財官の通変星によって格局を定めています。こうした、徐大昇の『通變淵源』における地支造化図を展開した正気法の独自な格局の取用方法が正しく伝わらなかった弊害として、その後の中国明代の子平研究者たちは、透派も含めて蔵干と日干の通変星だけで格局を求めようとしてしまったのです。

そして、地支のみの通変星によって格局を求めている誤った四柱推命が何の疑いもなくまかり通っている現実が日本、そして中国、台湾の真実なのです。

◉——天徳

正丁　二申【李鏘濤按】韓藏本作坤。
三壬　四辛　五亥　六甲　七癸　八寅　九丙　十乙　十一巳　十二庚

正月が丁、二月が申（坤も申を表す）、三月が壬、四月が辛、五月が亥、六月が甲、七月が癸、八月が寅、九月が丙、十月が乙、十一月が巳、十二月が庚に天徳を振り分けます。以下のようになります。

生月	天徳
寅月	丁
卯月	申
辰月	壬
巳月	辛
午月	亥
未月	甲
申月	癸
酉月	寅
戌月	丙
亥月	乙
子月	巳

丑月　庚

生月から八字を見て、以上の天徳にあたる干支に天徳と書き込みます。例えば酉月生まれの人は日主に関係なく、天徳は寅になります。

◉─月徳

寅午戌月丙，亥卯未月甲，申子辰月壬，巳酉丑月庚。
如人命中先犯兇煞，若遇天月二徳神救者，兇不為兇，更得貴人扶助，作顯貴之命。

人の命中で先に兇殺を犯せば、もし二徳の神の救う者に逢えば、兇が兇と為さず、更に貴人の相助を得れば、顕貴の命を作る。

生月	**月徳**
寅午戌月	丙
亥卯未月	甲
申子辰月	壬
巳酉丑月	庚

月徳も天徳と同様に酉月に生まれていれば、日主に関係なく庚が月徳になります。

命式が作成されて格局と準格局の表記が終わり、最後に八字の干支に天徳、月徳が命式にある場合は、さらに貴人（後述）が八字にあるかどうかを看ていきます。

一般に子平では、正気の官星が喜神で、それに天徳と月徳が重なるケースや、正官、正財、印綬と組む場合も貴人とすることがあります。神殺では、日主から求める天乙貴人は、昼と夜貴人がありますが、多くは日主から見た財官や食神を地支造化図によって地支所蔵の者と相合として見ることができます。

例を二つほど挙げておきます。

【例1】　神殺

偏財	天徳・月徳	丙寅	辛七日
七殺		戊戌	**戌月**丁八日
日主		壬辰	戊十五日
偏印		庚子	

この命式は、酉月生まれで、天徳と月徳が丙に当たり、日主の壬から見たら、非常に珍しく、年干の丙の偏財に天徳と月徳が重なっています。

【例2】　男性

干神	通変	干支	通変	大運逆運	通変	行運歳君（流年）
年干	食神	辛丑	正印	丙申	比肩	己亥（2019年）
月干	偏印	丁酉	七殺	乙未		
日干	日主	己巳	正官	甲午		

時干　七殺　乙丑

偏財　癸巳
正財　壬辰
食神　辛卯
傷官　庚寅

この命式の四柱は、前例と同じく酉月生まれで、寅の天徳も庚の月徳もありませんが、大運の庚寅の運に双方の天徳と月徳が来ます。また女性の命式の中に庚寅が四柱にあると、日主の己から見たこの女性の丙は、印綬の天徳と月徳が男性の命式に吉作用を与えると見ることができます。

◉―定寅時歌

正九五更二點徹，二八五更四點歇。
三七平光是寅時，四六日出寅無別。
五月日高三丈地，十月十二四更二。
仲冬纔到四更初，便是寅時為君記。

この定寅時歌は、生月ごとに寅時が何時なのかを定めるために古人の人々が考え出した方法と言えます。

◉―十惡大敗日

甲己年三月戊戌，七月癸亥，十月丙申，十一月丁亥。乙庚年四月壬申，九月乙巳。丙辛年三月辛巳，九月庚辰，十月甲辰。丁壬年無。戊癸年六月己丑。

出『道藏』中第四十九函減字號，内『黄庭經』第七十二巻上説元貞觀年奏下人間事。

甲己年の辰月の戊戌日、申月の癸亥日、亥月の丙申日、子月の丁亥日。乙庚年の巳月の壬申日、戌月の乙巳日。丙辛年の辰月の辛巳日、戌月の庚辰日、亥月の甲辰日。丁壬年は無く。戊癸年の未月の己丑日が十悪大敗日になり、道蔵（道教の経典の『黄庭経』）から引用されています。

この十悪大敗日は、以上の年、月、日の干支が四柱にあった場合は、不吉な日として択日として避けるべきあり、各種イベントは避けたほうが好ましいでしょう。

◉——正気法の格局の取り方

正官格

正官　蔵干が正気の正官

甲日酉月（辛30日）
乙日申月（庚13日）
丙日子月（癸30日）
丁日亥月（壬20日）
戊日卯月（乙30日）
己日寅月（甲15日）
庚日午月（丁15日）

辛日巳月（丙15日）
壬日午月（己15日）
癸日巳月（戊5日）

雑気財官格

財気財官　蔵干が雑気の財官

甲日丑月（辛8日己15日）、戌月（辛7日戊15日）
乙日丑月（辛8日己15日）、戌月（辛7日戊15日）
丙日丑月（癸7日辛8日）
丁日丑月（癸7日辛8日）
戊日辰月（乙7日癸8日）
己日辰月（乙7日癸8日）
庚日未月（丁7日乙8日）
辛日未月（丁7日乙8日）
壬日戌月（丁8日戊15日）、未月（丁7日己15日）
癸日戌月（丁8日戊15日）、未月（丁7日己15日）

偏官格

偏官　蔵干が正気の偏官

甲日申月（庚13日）
乙日酉月（辛30日）
丙日亥月（壬20日）
丁日子月（癸30日）
戊日寅月（甲15日）
己日卯月（乙30日）
庚日巳月（丙15日）
辛日午月（丁15日）
壬日巳月（戊5日）
癸日午月（己15日）

正財格

正財　蔵干が正気の正財

甲日丑、未月（己15日）
乙日辰、戌月（戊15日）
丙日酉月（辛30日）
丁日申月（庚13日）
戊日子月（癸30日）

己日亥月（壬20日）
庚日卯月（乙30日）
辛日寅月（甲15日）
壬日午月（丁15日）
癸日巳月（丙15日）

偏財格

偏財　蔵干が正気の財星

甲日辰、戌月（戊15日）
乙日丑、未月（己15日）
丙日申月（庚13日）
丁日酉月（辛30日）
戊日亥月（壬20日）
己日子月（癸30日）
庚日寅月（甲15日）
辛日卯月（乙30日）
壬日巳月（丙15日）
癸日午月（丁15日）

印綬格

正印　蔵干が正気の正印

甲日子月（癸30日）
乙日亥月（壬20日）
丙日卯月（乙30日）
丁日寅月（甲15日）
戊日午月（丁15日）
己日巳月（丙15日）
庚日丑、未月（己15日）
辛日辰、戌月（戊15日）
壬日酉月（辛30日）
癸日申月（庚13日）

偏印格

偏印　蔵干が正気の偏印

甲日亥月（壬20日）
乙日子月（癸30日）
丙日寅月（甲15日）

丁日卯月（乙30日）
戊日巳月（丙15日）
己日午月（丁15日）
庚日辰、戌月（戊15日）
辛日丑、未月（己15日）
壬日申月（庚13日）
癸日酉月（辛30日）

雑気印綬格

雑気印綬　蔵干が雑気の印星

甲日辰月（癸8日）
乙日辰月（癸8日）
丙日辰月（乙7日）、未月（乙8日）
丁日辰月（乙7日）、未月（乙8日）
戊日未月（丁7日）、戌月（丁8日）
己日未月（丁7日）、戌月（丁8日）
庚日辰、戌月（戊15日）、丑、未月（己15日）
辛日丑、未月（己15日）、辰、戌月（戊15日）
壬日丑、戌月（辛15日）

癸日丑、戌月（辛15日）

傷官格

傷官　蔵干が正気の傷官

甲日午月（丁15日）
乙日巳月（丙15日）
丙日丑、未月（己15日）
丁日辰、戌月（戊15日）
戊日酉月（辛30日）
己日申月（庚13日）
庚日子月（癸30日）
辛日亥月（壬20日）
壬日卯月（乙30日）
癸日寅月（甲15日）

食神格

食神　蔵干が正気の食神

甲日巳月（丙15日）

乙日午月（丁15日）
丙日辰、戌月（戊15日）
丁日丑、未月（己15日）
戊日申月（庚13日）
己日酉月（辛30日）
庚日亥月（壬20日）
辛日子月（癸30日）
壬日寅月（甲15日）
癸日卯月（乙30日）

建禄格

建禄　蔵干が正気の比肩

甲日寅月（甲15日）
乙日卯月（乙30日）
丙日巳月（丙15日）
丁日午月（丁15日）
戊日辰、戌月（戊15日）
己日丑、未月（己15日）
庚日申月（庚13日）

辛日酉月（辛30日）
壬日亥月（壬20日）
癸日子月（癸30日）

月刃格

月刃　蔵干が正気の敗財と陽刃

甲日卯月（乙30日）
乙日寅月（甲15日）
丙日午月（丁15日）
丁日巳月（丙15日）
戊日丑、未月（己15日）
己日辰、戌月（戊15日）
庚日酉月（辛30日）
辛日申月（庚13日）
壬日子月（癸30日）
癸日亥月（壬20日）

◉―正気法以外の格局の取り方

飛天禄馬格　庚、壬日で地支に子が多い命式、正気の官星の午を冲する子が用神。

辛、癸日で地支に亥が多い命式、正気の官星の巳をする亥が用神。

倒冲格　丙日で、午の地支が多い命式、正気の官星の子を冲する午が用神。
丁日で、巳の地支が多い命式、正気の官星の亥を冲する巳が用神。
辛、癸日で、亥の地支が多い命式、正気の官星の巳を冲する亥が用神。

六乙鼠貴格　六乙日の丙子時の命式、丙が正気の官星の庚辛を抑える。

合禄格　六戊日の庚申時の命式、正気の正官の乙と時柱が合する庚申が用神。
六癸日の庚申時の命式、正気の官星がある巳と申が合し、巳の蔵干戊は日主癸の正気の正官を得るゆえに申が用神。

子遙巳格　甲子日で甲子時の命式、巳の蔵干戊と子の蔵干癸が合して、巳の蔵干丙を動かし丙辛の合は、正気の正官辛を得るゆえに子が用神。

丑遙巳格　辛、癸日で地支に丑が多い命式、巳の蔵干丙戊が辛癸日の正気の官星を得るゆえに丑が用神。

壬騎龍背格　壬辰日または壬寅日で、地支に辰が多い命式、戌の蔵干の丁戊の財官を冲で抑える辰が用神。

井攔叉格　庚日で、庚申、庚子、庚辰の干支が命式に多くある、申子辰の水局が用神。

帰禄格

甲日で、丙寅時の命式
乙日で、己卯時の命式
丙日で、癸巳時の命式
丁日で、丙午時の命式
戊日で、丁巳時の命式
己日で、庚午時の命式
庚日で、甲申時の命式
辛日で、丁酉時の命式
壬日で、辛亥時の命式
癸日で、壬子時の命式

六陰朝陽格

六辛日で、戊子時の命式、辛の正官の丙は、戊が来て丙を動かして辛日が正官を得るゆえに子が用神。

刑合格

六癸日で、甲寅時の命式、癸日の正気の官星戊は、寅巳の刑である巳の蔵干の戊と合するがゆえに癸日は官星を得る。寅が用神で、甲は官星の戊己を抑える。

拱貴格

甲寅日で、甲子時は丑の辛を挟む命式
甲戌日で、壬申時は酉の辛を挟む命式

戊申日で、戊午時は未の乙を挟む命式
乙未日で、乙酉時は申の庚を挟む命式

拱禄格

丁巳日で、丁未時は午の丁を挟む命式
己未日で、己巳時は午の己を挟む命式
癸丑日で、癸亥時は子の癸を挟む命式
癸亥日で、癸丑時は子の癸を挟む命式
戊辰日で、戊午時は巳の丙を挟む命式

定真論を読み解く

夫生日為主者，行君之令，法運四時，陰陽剛柔之情，内外否泰之道，進退相傾，動静相代，取固亨出入之緩急，求濟複散斂之巨微。釋日之法有三要；以干為天，以支為地，支中所藏者為人元。分四柱者，以年為根，月為苗，日為花，時為實。又釋四柱之中，以年為祖上則知世代宗派盛衰之理，以月為父母則知親蔭名利有無之類，以日為己身當氣推其干，搜用八字，為内外生剋取捨之源。【眉批】内，支中所藏之辰也。外，天干地支也。干弱則求氣旺之籍，有餘則欲不足之營。干同以為兄弟，如乙見甲為兄，忌庚重也。甲以乙為弟，畏辛多也。干剋以為妻財，財多干旺則稱意，若干衰則財反禍。干與支同，損財傷妻也。男取剋干為嗣，女取干生為子，存失皆例，以時分野，【眉批】分野，干支也。當推落地貧賤富貴之區。【眉批】落地，長生，沐浴，官旺之地。『理愚』所謂「五行真假少人知，知時須是洩天機」是也。俗以甲子作海中金，即婁景之前未知金在海中之論。或用年為主，則可知萬億富貴相同者。以甲子年生，便為本命，忌日之戒。月為兄弟，如火命生酉戌亥子月，言兄弟不得力之斷。或日為妻，如在空刑尅殺之地，言尅妻妾之斷。或時為子息，臨死絶之郷，言子少之斷。論之皆非，人之可為造物，陰陽之所致，傾世術士不知斯理而淆亂於俗，故不可以言傳，當考幽微之妙矣。

それ生日が主と為す者は、行君の令、法運四時、陰陽剛柔の情、内外否泰の道、進退は相傾き、動静が相代り、固亨は、出入の緩急を取り、濟複散斂の巨微を求める。（【註】…以上の文面は、子平における審事を要約して述べていると考えられます）

釈日の法は三要が有る。
干は天となり、
支は地となして、
支中所蔵の者が人元となる。
四柱の者を分け、
年は根、
月は苗、
日は花、
時は実となる。
四柱の中の解釈に、
年は祖上となし、世代宗派の盛衰の理を知り、

月は父母となし、親蔭名利の有無の類を知り、
日は己身となし、その干を当推し、
八字の用を捜し、内外取捨の源、つまり格局の内外の区別を判断する。

干弱は則ち気旺の籍を求め、有余は不足の営を欲する。

干同は、兄弟となり、乙に甲を見るのは兄となり、庚の重を忌み、甲は乙が弟となり、辛の多くを畏れる。

干剋は、妻財となり、財多干旺は、称意となり、干衰になれば、反って禍となる。

干と支が同じければ、損財傷妻（財を損じて妻を傷つける）になる。

男は剋干を取って嗣となし、女は、干生を取って子と為し、存失皆例（子供が何人生き残るのか）は、時の分野の落地に当たって推しはかり貧賤富貴を区ける。（【註】十二長生で判断する）

『理愚』所謂「五行の真仮を知る人は少なく、時を知れば須くこれ天機を洩らす」これなり。

世俗は、甲子をもって海中金を作るのは、婁景（るけい）（漢代の人物）の前の金が海中に在る論を未だ知らず、用を年主となすので、萬億の富貴が相同の者になることを知るべし。

甲子年生れは、すなわち本命となして、忌日の戒めとなる（甲子日を本命の忌日に取る）。

月は兄弟となし、火命が酉戌亥子月に生まれれば、兄弟は力を得られずと言った。

日は妻となし、空刑剋殺の地に在れば、妻妾を剋すると言った。

時は子息となし、死絶の郷に臨めば、子が少ないと言った。

この論は非で、陰陽の致す所は人が造物するものではなく、傾世の術士は斯の理を知らず俗世を淆乱させてしまう、故に言によっては伝えられず、幽微の妙に当って考えなさい。


【行君の令】臣が君の命令を行う。

【法運四時】大運の四時を表す。

【陰陽剛柔】干支の陰陽と剛柔のこと。

【内外否泰の道】天元が外、支中所蔵の者が内。財官が命式や行運に有るかを看る。

【進退相傾】格局の進退、辛金の正気の正官は丙火で、夏月に生まれれば進、秋月に生まれれば退となる。

【動静相代】六十甲子の陰陽の配合を指す。

【固亨出入の緩急】固いと通る。日主が強固であって、財官の亨通と行運（出入）を看る。

【濟複散斂の巨微】済と複は、進退を表し、散斂は、散との巨微の巨は多い、微は寡を表す。故に功名の進退、財の集散、命の貴賤富貴の発覚の多寡という。

喜忌篇を読み解く

一．**四柱排定，三才次分，専以日上天元，配合八字。其支干不見之形，無時不有。**

四柱を並べて、次に天干と地支と蔵干の三才を分け、専ら日上の天元、つまり日主から八字の配合を看る。その支干の不見の形は、時柱が無ければ、不有となる。

四柱の八字を並べて、次に三才、つまり、天地人の三才の天干、地支、蔵干を区別して、八字の配合を論じますが、その支干の不見の形は、通変星を振ることで判断し、時というものをきちんと考慮しなければ、四柱の喜忌を看ることはできません。四柱が揃うことではじめて命式を判断することができ、時が無ければ、子平推命が成り立ちません。ゆえに時を省いた三柱で見ようとする四柱推命は、論外と言えるでしょう。

二．神煞相伴，輕重較量。

命式で神殺が相伴する場合は、軽重を較量する。

命式に対する神殺の影響は、解厄する天徳、月徳や貴人と神殺や凶神との強弱のバランスを軽量する必要があります。神殺とは、用神、つまり通変星で出されたものと少しニュアンスが違っています。例えば、比肩と劫財と陽刃の違いは、比肩は日主と同じ天干が昇ったもので、劫財は、財が天干に昇った場合は、その財を損なう劫財として働き、陽刃は特に日主が陽干で、時上に陰干の劫財が来たとき、劫財という表記ではなく、陽刃という表記に変わります。

これは日主そのものを極めて強める働きがあるものと定義しています。そして丙午の日は、午の蔵干に丁の陽刃があるので、日刃と定義しています。同様に時刃に月があれば月刃というように表記名称は変わりますが、どの部位によって刃が成り立つのかは、神殺の見方が発展した通変星から考えます。神殺の十干禄においても、時支にあれば帰禄とし、日支ならば日禄、月支ならば建禄、といった通変星の名称が誕生しました。つまり神殺から通変星が誕生したのです。

三．若乃時逢七煞，見之未必為兇。

もし時柱に七殺が逢えば、これを見ても必ずしも凶と為さず。

時干に七殺のある命式は多数ありますが、これは格局を取った後に日主の身強や身弱によって吉凶が判断されますから一概に凶とは言えません。つまり、この七殺が時干にあって凶であるとする見方はまさに神殺の単独のものだと言えます。後の淵海子平の中で、七殺、傷官、劫財、偏印は凶として、正官、正財、印綬、食神が吉とする通変星の名称のみで判断する見方は、根本的に通変星と神殺の理解の欠如による誤ったもので、神殺から通変星をつくった本来の意味を失ってしまいます。七殺も通変星の名称で偏官であったとき、吉局として判断することが可能であり、神殺的な見方と通変星の見方は、扱っている命式の干支が同じであっても、根本的にはまったく異なっていることを、新たに子平の門をたたく人は正しく認識する必要があります。

四．月制干強，其煞反為權印。

月が干強を制すれば、その殺は反って権印と為す。

月干が強い日主を制すれば、その殺は反って権印に変化します。

【干強】「定真論」ですでに説明していますが、干強は、日主が強く、干弱は日主が弱いことを指します。

七殺は、易では官鬼(かんき)と定義されており、まさに自分を抹殺するものでしたが、その意味が逆転し、「権印」つまり、生殺与奪の権利を持つという子平独自のものです。

例を挙げておきます。

【例】内格　日主身強

比肩　甲寅
偏官　庚午
日主　甲申
陽刃　乙丑

この命式は、月干の庚が強い日干を制しています。ゆえに殺は権印に化す命式になります。

五．財官印綬全備，藏蓄於四季之中。

財官印綬の全備は、四季の中に蔵蓄する。

命式において財、官、印綬が全備するのは、四季の辰、戌、丑、未月の中において蓄蔵します。甲日の丑月は、癸の印綬、辛の正官、己の正財が雑気の丑月に蓄蔵されていると、徐大昇は独自の「地支造化図」蔵干論で定義しています。

例を挙げておきます。

【例】内格　日主身強　雑気財官格

偏財　丙寅
正財　戊戌　沖去　辛七日　丁八日　戊十五日

日主　壬辰　冲去
偏印　庚子

この命式は、財官印綬が天干にすべて透出しています。『滴天髄』では、この雑気財官格の本当の意味を理解できなかったと考えられます。それは徐大昇の「地支造化図」が正しく伝承されなかったことが原因であると考えられます。

六、官星財氣長生，鎮居於寅申巳亥。

官星財気の長生は、寅申巳亥の地支において鎮居する。

甲・乙の長生は、亥にあり、日主戊・己から見た甲壬は、官星財気長生になります。
丙・丁の長生は、寅にあり、日主庚・辛から見た丙甲は、官星財気長生になります。
庚・辛の長生は、巳にあり、日主甲・乙から見た庚戊は、官星財気長生になります。
壬・癸の長生は、申にあり、日主丙・丁から見た壬庚は、官星財気長生になります。
例を挙げておきます。

【例】　従財格
正官　甲辰
正財　丙寅　戊五日　丙十日　甲十五日

日主　庚戌
印綬　癸未

この命式は生月支に財官が蔵し、官星が十二運の長生に逢っており、財官を用神に取る徐大昇の子平において極めて独特な見方であり、通変星と十二長生を組み合わせた独自のものであると言えます。

七．庚申時逢於戊日，名為食神干旺之方。歳月犯甲丙卯寅，此乃是遇而不遇。

庚申時が戊日に於いて逢えば、名は食神干旺の方と為し、歳月に甲丙卯寅を犯せば、これすなわち遇にして不遇。

戊日が庚申時に逢えば、名は「食神干旺」となるが、歳月に甲丙寅卯を犯せば、これすなわち遇にして不遇となります。例を挙げておきます。

【例】　内格　日主身強
偏官　甲辰
印綬　丁丑　合去
日主　戊子　合去
食神　庚申

合禄格は、年月に甲丙卯寅が命式の干支にある人は減点対象になり、破局となります。そのため、才能があっても世に名を成せない人になります。反対に食神干旺になれば、世の中で名声を得ることができます。

八．月生日干無天財，乃印綬之名。

月が日干を生じて天財が無ければ、すなわち印綬の名となる。

印綬格は、命式に財があると成局しません。月の印綬が日干を生じて、その印綬を妨げる財星が命式、大運、流年に来ないことが、真の印綬となります。

例を挙げておきます。

【例】内格　日主身弱

正官　壬辰

印綬　甲辰　木令の生まれ

日主　丁亥

偏財　辛亥

この命式は、月が日主を生じていますが、日主丁火が引火していません。さらに時干の偏財があって月上に当令する印綬がありながら、この通変星は印綬格に成局していません。そして年月は、壬甲の浮木となって印綬を妨害していますから、通変星の印綬は、喜神が壊れているために『滴天髄』によれば順悖（じゅんはい）の悖の命式になります。この印綬は当令していても、その良さがまったく発揮されない命式になります。

九．日祿歸時沒官星，號青雲得路。

日の禄が時に帰し、官星が命式になければ、青雲得路と号する。

日禄帰時は、日主の十干禄が時支に帰す、つまり帰宿することですが、時支は、八字の最後の干支で、人生の終着点を表すと言えます。禄は自らが旺じる根であり、常に自らが旺じるには、自分の好きなことを思う存分やっていくことに他ならないからです。

そのため官星が命式にあれば、何かに帰属し、自らが旺じることに規制がかかってしまうので、日禄帰時格の青雲得道とは、異路の功名であると言えます。異路の功名とはスポーツ推薦であったり、自らの才能を開化させたりしていく人生です。もし命式に官星があれば、何らかの職務に就き、財があれば事業を経営します。青雲得路とは、自分の夢の実現がテーマになりますから、俸禄を得るための官星は該当しません。

例を挙げておきます。

【例】従児格

食神　丙申
食神　丙申
日主　甲子
食神　丙寅

十．陽水疊逢辰位，是壬騎龍背之郷。

陽水が多くの辰位に逢えば、これ壬騎龍背の郷になる。

壬水が多くの辰支に逢えば「壬騎龍背」という格になりますが、命式に財官があれば、外格の壬騎龍背格を取りません。

例を挙げておきます。

【例】　従児身旺の凶格

比肩　壬辰
比肩　壬寅
日主　壬辰
食神　甲辰

この命式は、壬騎龍背格に該当しますが、通常、壬騎龍背格は従旺格になるケースが多く、木が当令する月生まれだと従児格になる場合があります。そして財官があれば内格になりますから、外格が成局した壬騎龍背格は貴命になります。

十一．陰木獨遇子時，為六乙鼠貴之地。

陰木が独り子時に遇えば、六乙鼠貴の地となる。

乙木が一つ丙子時に遇えば、六乙鼠貴格になります。六乙鼠貴格は、乙、つまり乙木の天乙貴人が子時に座しますが、年月の財官がある場合は、外格の六乙鼠貴格を取りません。

例を挙げておきます。

【例】　内格　日主身強

正財　戊申
傷官　丙辰　木令生まれ
日主　乙未
傷官　丙子　天乙貴人

この命式は、日主が乙木で時柱に丙子がありますから、単純に六乙鼠貴格を取るのではなく、年月の干支に財官があるかどうかをチェックしなければなりません。この詳しい見方は、徐大昇の「十八格」に述べられています。

十二．庚日全逢潤下，忌壬癸巳午之方，時遇子申，其福減半。

庚日で全て潤下に逢えば、壬癸巳午の方を忌み、時に子申が遇えば、その福は半減する。

井攔叉格の名称は、馬を拒むという意味があり、馬は午を表し、日主庚の正気の官星が坐しています。そして井攔叉格は外格に属すので、天干に財官が昇ることを恐れます。ゆえに子時の丙子時は、官星の偏官、申時の甲申時は、天干に財星の偏財が昇り、共に忌神で格局を破局に導くものとなり福が半減するとあります。

例を挙げておきます。

【例】 井攔叉格　内格　日主身弱

比肩　庚子
比肩　庚辰　木令生まれ
日主　庚辰
偏財　甲申

この命式は、井攔叉格を取りますが、原典では大運の壬、癸、巳、午を忌むとしており、壬と癸が天干に昇ると忌食傷が非常に強くなり、地支用神の申を冲合する巳や午の官星を恐れることになります。

十三．若逢傷官月建，如兇處未必為兇。

もし傷官が月建に逢えば、凶所の如きが未だ必ずしも凶と為さない。

傷官が月支にあると、傷官は官星を抑えることができますから、傷官格が官星に逢わなければ、凶にはなりません。月建に傷官があれば、従児格になるケースが多くなります。

例を挙げておきます。

【例】　倒冲格　従旺格

傷官　戊辰
傷官　戊午　丁十五日　己十五日
日主　丁酉
偏印　乙巳

この命式は、月建の月支に傷官があります。そのため、午月は、火が当令するので、蔵干の己十八日が天干に昇っていますが、傷官格が取れません。月令の己十五日は、十干禄を配当しているので、この蔵干のみでは傷官格を取りません。しかし、一般の四柱推命では、傷官を取ってあなたは口が悪く男性運が悪いと平然と鑑定されているはずです。

十四．内有正倒祿飛，忌官星亦嫌羈絆。

内に正に倒禄飛が有れば、官星を忌み、また羈絆を嫌う。

内にまさに倒禄飛（倒冲格、飛天禄馬格）があれば、官星を忌み、また羈絆（きはん）（地支の合冲）を嫌います。官星を抑える地支用神が冲合に逢うと、格局は減点対象になって破局の恐れが出てきます。この官星を命式上で抑えるか、それとも天干に昇らなければ抑えていることになりますが、最終的には凶格さえ形成されなければ貴命となります。

例を挙げておきます。

【例】　倒冲格　天元一気の従旺格

化火　癸亥
化火　戊午　冲
日主　丙子　冲
偏印　甲午　冲

この命式は、子午の冲がありますが、天干に財官が昇っていませんから、正気の官星を抑える倒冲格になります。この命式は嵐の二宮和也さんのものです。

十五．六癸日時若逢寅位，歳月怕己戊二方。

六癸日がもし寅位に逢えば、歳月に己戊の二方をおそれる。

刑合格は、六癸日に寅の地支が時柱に逢うことで、年月に戊己の特に官星があることをおそれます。これは格局が凶格になるからです。

例を挙げておきます。

【例】　刑合格　従児格

偏官　己酉　合
正官　戊辰　合　土用生まれ
日主　癸酉　合
傷官　甲寅

この命式は、合禄格に該当しますが、原典にあるように戊己の官星が昇っています。しかし土支の根は酉辰の合に逢うと用途を失います。また戊戌の年にこの合が開き、災いが起きます。さらに己亥の年は、合禄格を形成する時支を根こそぎ合去して、天干は戊己の変化干合します。つまり、年月の戊己と時の戊己の変化干合に日主が挟まれて剋され、まさに大凶の運勢であると言えます。これによって形合格は、戊己が命式にあっても運勢にあっても、戊己をおそれることが証明されました。

十六．甲子日再遇子時，畏庚辛申酉丑午。

甲子日が再び子時に遇えば、庚辛申酉丑午をおそれる。

甲子日と甲子時が再び遇う子遥巳格は、年月や運勢で庚辛申酉の官星の干支のすべてをおそれます。つまり子遥巳格は、従旺格と同様の見方をすべきで、官星が天干に昇ったり、地支用神の子を冲したりする午が来たときに破局する凶運期になります。

例を挙げておきます。

【例】 子遥巳格　従旺格

正官　合去　辛酉
食神　合去　丙申　戊七日 壬十日　庚十三日
日主　　　　甲子
比肩　　　　甲子

この命式は、年月の丙辛が合去して、甲子が二つ並び、天干に財官が合去して昇っていないので外格の子巳遙格を取ります。しかし命式の年月に酉申支があることは減点対象になり、特に庚辛の年がやって来るときは大凶だと言えます。

十七．辛癸日多逢丑地，不喜官星，歳時逢子巳二宮，虚命虚利。

辛、癸日が多くの丑地に逢えば、官星を喜ばず、歳時に子と巳の二宮に逢えば、虚命虚利となる。

【註】丑遥巳格…『明通賦』に同様の一詞「辛癸丑合己官須嫌子巳」がある。

丑遥巳格は、子や巳の子は用神の丑を合し、巳は辛日の正気の正官の丙火が蔵干、癸日の正気の正官の戊土にあると虚命虚利におわります。つまり、成功しても名ばかりの成功でおわるとしています。この地支を用神とする十八格の外格は、正気の官星が干支に来ることを非常に恐れます。

例を挙げておきます。

【例】　丑遙巳格　従旺格

偏財　丁丑
比肩　癸卯　乙
日主　癸丑
偏印　辛酉

十八．拱祿拱貴填實則兇。

拱祿、拱貴は、填實すなわち凶になる。

【註】填實…地支に合冲が逢うこと。

拱貴拱禄は、填實が凶となります。地支が合冲に逢うことが凶現象であると言えます。

甲寅日と甲子時は、丑の辛を挟む命式。
甲申日と甲戌時は、酉の辛を挟む命式。
丙戌日と丙申時は、酉の辛を挟む命式。
戊申日と戊午時は、未の乙を挟む命式。
乙未日と乙酉時は、申の庚を挟む命式。

丁巳日と丁未時は、午を挟む命式。
己未日と己巳時は、午を挟む命式。
癸丑日と癸亥時は、子を挟む命式。
癸亥日と癸丑時は、子を挟む命式。
戊辰日と戊午時は、巳を挟む命式。

十九．時上偏財，別宮忌見。

時上の偏財は、別宮に見ることを忌む。

時上の偏財が入格するには、時上以外に財星があってはなりません。そして別宮に財星を見ることは、本来の偏財から得る財をダメにするゆえに原典は忌むとしています。

つまりあれもこれもと財星を求めても、本当の財は得られないということです。腰を据えて財と向き合うことで本当の財が得られるのです。

例を挙げておきます。

【例】従財格

正財　癸卯　有情の財
偏官　甲子　癸は冬至以後に禄になる
日主　戊申
偏財　壬子　無情の財（壬の偏財は父親の財を表す）

この命式は、時上に偏財がありますが、年上に正財があるゆえに時上は自ら汗水垂らして得る財になります。ただし、年に正財があると安易に得られる財を求めてしまい、勤勉に財を稼ぐ気が失せてしまいます。癸水の年の財は、社会から降ってくる財を表しており、社会保障とか保険によって得られる財を求めても、日主と離れているので、一時の間しかつかむことができません。

二十．六辛日時逢戊子，嫌午位，運喜西方。

六辛日は時に戊子が逢えば、午位を嫌い、西方の運を喜ぶ。

六陰朝陽格は、財官があると外格の六陰朝陽格は取れません。ゆえに冲に逢う午を嫌い、西方の金局の運を喜びます。つまり飛天禄馬や倒冲格と同じ外格に入ります。

例を挙げておきます。

【例】内格　日主身強

比肩　辛未
偏財　乙巳　火令生まれ
日主　辛未
印綬　戊子

大運
丁酉
戊戌

この命式は、財官が命式にあるので、六陰朝陽格は取れません。ゆえに西方の運ではなく、財官の運を喜びます。

二一・五行遇月支偏官，歳時中亦宜制伏。

五行の月支偏官に逢えば、歳時中にまた制伏するのが宜しい。

偏官が月支に遇えば、これを抑えることができる命式は、天干に財官が透出しないものであり、天干の比劫や印綬が財官を調和するには、ある程度の強さを必要とします。反対に財官を充分に抑え切る力が足りない場合は、ほとんどが財官に振り回され、最悪の場合は、悲惨な状況に追い込まれてしまいます。

例を挙げておきます。

【例】

比肩　甲辰　合

偏印　癸酉　合　辛の偏官

日主　乙亥

劫財　甲申

傷官　庚戌　合

比肩　己卯　合　乙の偏官

日主　己丑

印綬　丙寅

この二つの命式は、共に月支に偏官がありながら、年月時上に官星が昇っていません。そして年支と月支が合去して月支の偏官を抑え込んでいます。官星を制伏する比劫、食傷、印綬で天干を構成することで、この月支の偏官を制伏することができますが、最初の命式は、官星の庚辛の被害を直接受けてしまい、後者の命式は、官星の甲乙を避けることができます。しかし財の壬癸の被害を受けることは避けられないと考えられます。

二二．類有去官留煞，亦有去煞留官。

類いの去官留殺が有れば、また去殺留官が有る。（官または殺の何れかが留まる命式）

例を二つ挙げておきます。

【例1】 去官留殺の命式

印綬　丙午
正官　甲午　合去
日主　己未　合去
七殺　乙亥

この命式で己運は、甲の正官を合去して七殺が留まります。

【例２】　去殺留官の命式

正官　辛亥
偏官　庚寅
日主　甲申
正財　己巳

この命式は、乙運に七殺の庚を合去し、辛の正官が留まります。

二三．四柱純煞有制，定居一品之尊。

四柱に純殺の制が有れば、定居は一品の尊となる。

四柱の年月時に偏官があって、日主を制する命式は、非常に尊い地位に就くことができます。
純殺の四柱が並ぶ命式は以下のとおりです。

甲○　乙○　丙○　丁○　戊○　己○　庚○　辛○　壬○　癸○
甲戌　乙酉　丙申　丁未　戊午　己巳　庚辰　辛卯、丑　壬寅、子　癸亥
戊○　己○　庚○　辛○　壬○　癸○　甲○　乙○　丙○　丁○
甲寅　乙丑、亥　丙子、戌　丁酉　戊申　己未　庚午　辛巳　壬辰　癸卯

例を挙げておきます。

【例】　従殺格

丁未

丁未　火令生まれ

庚辰

丁未

この命式は純殺ではありませんが、正官が年月時に並んでいます。

二四．略見一位正官，官殺渾雑反賤。

略見の一位の正官は、官殺渾雑（かんさつこんざつ）で反って賤となる。

【註】略見一位正官…月上に正官が昇って一見非常に良い命式にみえる。

一見一位の正官、つまり月上に正官があったとしても年や時に七殺があると官殺渾雑になり、職業運が非常に悪くなります。

例を挙げておきます。

【例】　内格　日主身強

正官　辛亥

偏官　庚寅
日主　甲申
正財　己巳

この命式は女性のもので、官殺渾雑がありますが、乙未の年に偏官が合去し、結婚（再婚）が決まりました。正官を留めた年の縁談なので運勢は非常に良いと言えます。彼女は水商売で身を立てていましたが、結婚によって妻の座を得ることができました。

二五．戊日午月，勿作刃看。時歳火多，卻為印綬。

戊日午月は、刃を作ると看る勿れ、時歳に火が多ければ、かえって印綬と為す。

戊日の午月に蔵干が丁火十五日、己土十五日があり、この地支の己土を陽刃には取りません。つまり、蔵干の己土は、十干禄を配当したもので、月令とは無関係となります。この土支の配当は徐大昇独自の理論であり、日主壬水の正気の正官を求めるための特殊な見方です。刃は一般的に戊日の己未時の己の通変星が陽刃となります。

【註】透派はこの十干禄の土支の配当は、地支の根としての作用と認めなかったようで排除しています。

例を挙げておきます。

【例】倒冲格　従旺格

傷官　戊辰
傷官　戊午　丁十五日　己十五日
日主　丁酉　日貴
偏印　乙巳

この命式は、月建が戊午となって、年月の戊は、日主の傷官になります。午月は、火が当令するので、蔵干の己十八日が天干に昇っていますが、傷官格が取れません。

二六．月令雖逢建祿，切忌會煞為兇。

月令が建禄に逢うと雖も、切に忌む、殺に会うと凶と為す。

月令に建禄があっても七殺に逢うことを切に忌み凶命になります。
建禄に七殺が会う命式は以下のとおりです。従旺帯殺の凶格になる命式が多くなります。

○○　○○　○○　○○　○○　○○　○○　○○　○○　○○
庚寅　辛卯　○巳　○午　○未　乙丑　丙申　○午　戊子　己亥
甲○　乙○　丙○　丁○　戊○　己○　庚○　辛○　壬○　癸○
○○　○○　壬辰　癸卯　甲寅　○○　○○　丁酉　○○　○○

例を挙げておきます。

【例】 従旺帯殺の凶格

食神　丙寅
七殺　庚寅
日主　甲辰
比肩　甲子

この命式は、日主の建禄に七殺が逢って、春の甲木を庚金によって伐採することを忌みます。これは『滴天髄』の「春不容金」の元になった見方です。

二七．官星七煞交差，卻有合煞為貴。

官星と七殺が交差すれば、合殺が有れば、かえって貴と為す。

正官と七殺が交差する命式は、その七殺が合殺、つまり、合する干が来たとき、貴を発するとしています。

例を挙げておきます。

【例】従財格（勾陳得位格）

正官　乙丑
七殺　甲申
日主　戊子
正財　壬子

大運
丁亥　己亥の年運

この命式は、女優の蒼井優さんのもので、大運の亥と己亥の亥が二つ重なった年に成婚されています。月上の甲の七殺を己亥歳の己甲で合去し、命式の乙の夫を表す正官が留まり、亥運は、亥子丑の方局を成し、財官の根となったためです。

二八．柱中官星太旺，天元羸弱之名。

柱中の官星が太旺すれば、天元羸弱の名にあたります。

官星が太旺した命式を「天元羸弱（てんげんかつじゃく）」といい、財がきたとき、盗気として働き、災難に遭うとされています。例を挙げておきます。

【例】　天元一気の従旺格
比肩　甲戌
比肩　甲戌　土用生まれ
日主　甲戌
陽刃　乙丑

年運
戊戌

この命式は天元一気で、日主に根が無く、地支に財官が多く、天元羸弱の命式になります。戊戌の年に財星の凶物深蔵が天干に昇り、父親を亡くしました。

二九．日干旺甚無依，若不為僧為道。【眉批】無財官。

日干が旺じ、無依が甚だしければ、僧のごときに為さざれば、道と為す。

日干太旺の無依の命式は、僧侶になるか、道行が好ましい。

【注釈】では無財官としていますが、日主が旺じて、それを抑える財官が弱い場合や、その財官が壊れているときに、この日干無依の命式が成立します。

例を挙げておきます。

【例】内格　日主身強

偏官　戊申
偏官　戊午 丁十五日　己十五日
日主　壬申
印綬　辛亥

この命式は、偏官に根が無く、日主身強であるので、本来は僧道の命と言えますが、正気の官星が当令していますから、火局の大運は仕事運も男性運も良好と言えます。

三十．印綬生月，歳時忌見財星，運入財郷，卻宜退身避職。

印綬の生月は歳時に財星を見ること忌み、運が財郷に入れば退身、職を避けることが宜しい。

印綬の行いは、徳を以って為す行為であり、利得を優先して財を得る行為を印綬の人が行うと、その人の人望や名誉や人気を一気に失う恐れがあるために、そうなる前に職を退いたほうが得策だというものです。つまり、人徳と損得を履き違えると大変な目に遭うので、特に占い師や医療に従事する方は、利潤を追求するのではなく、徳を以って人に尽すことこそが自らの勲章であり、名誉であると心得るべきです。

例を挙げておきます。

【例】内格　身弱

偏財　甲午
傷官　癸酉　合去
日主　庚辰　合去
印綬　己卯

この命式は、月上ではなく、時上に印綬があって年と時が財印交差となっています。このような人は、人徳ではなく、損得を優先にして生きると大きな災難に遭う恐れがあります。
さらに例を挙げておきます。

【例】内格　身弱

食神　辛丑
偏印　丁酉
日主　己巳
偏官　乙丑

大運
癸巳
壬辰

この命式は、印綬の火局の大運の上に偏財が昇っており、命式の印綬が害されています。癸巳運の次の壬辰の丁壬の合去の運で仕事を失います。

三一・**劫財陽刃，切忌時逢，歳運並臨，災殃立至**。

劫財や陽刃は、切に時に逢うのを忌み、歳と運に並んで臨めば、災殃立至となる。

劫財や陽刃は、時に逢うことを非常に忌み、歳運と大運の両方に来れば、必ず災殃立至に遭います。

例を挙げておきます。

【例】内格　日主身強

偏財　庚申
正官　癸未　火令生まれ
日主　丙戌
陽刃　丁酉

大運
壬午
癸巳

この命式は女性のもので、内格の日主身強の上に時干の陽刃が重なり、さらに大運に陽刃が巡って来ています。彼女は若くして父親の問題に巻き込まれます。

三二．十干背禄，歳時喜見財星，運至比肩，號曰背祿逐馬。

十干の背禄は、歳時に財星を見ることを喜び、運が比肩に至れば、号して曰く背祿逐馬という。

十干の背禄になる命式は、歳と月に財星を見ることを喜び、運が比肩に至ると背禄逐馬という行き悩む命となります。

例を挙げておきます。

【例】　内格　日主身強

偏財　庚寅
傷官　己巳　十干背禄
日主　丙午
偏官　壬辰

大運
丁巳

丙辰

この命式は、日主の丙の十干禄の巳が日主の背である月支にありますが、女性の場合は、大運は逆に巡り、比肩がやって来て背禄逐馬になります。

三三．五行正貴，忌衝刑剋破之宮。

五行の正貴は、衝刑剋破の宮を忌む。

五行の各々の正貴は、月支が刑冲尅害に逢うことを忌みます。

【註】五行正貴…五行の正貴、つまり正気の正官のこと。

例を挙げておきます。

【例】 **従児身旺の凶格**

比肩　丙午　冲去

偏財　庚子　冲去　癸　冬至以後に禄となる

日主　丙辰

傷官　己丑

大運　甲午

この命式は、正気の正官を蔵する月支の宮が冲に遇っています。そして大運の甲午と還暦の丙午年は、正気の正官を命、運、流年の三者で剋しており、そもそも格局を論じる前に正気の正官が冲に遭うことがもっとも不吉です。

三四．四柱干支，喜三合六合之地。

四柱の干支は、三合と六合の地を喜ぶ。

例を挙げておきます。

【例】　倒冲格　従旺帯殺の凶格

壬寅
壬寅　三合
丙戌　三合
甲午　三合

この命式は、三合火局の寅午戌の三合を喜びますが、反対に水局の申子辰の特に子支を非常に恐れます。

もう一つ例を挙げておきます。

【例】　従旺格

甲辰　六合
癸酉　六合
乙亥
甲申

この命式は六合の酉辰の合があり、七殺の辛を恐れるので、酉辰の六合を喜びます。

三五．日干無氣，時逢陽刃不為兇。

日干の無気は、時に陽刃が逢っても凶と為さず。

日主に気が無い、つまり根がないか、月令が財官に逢う命式になり、時に陽刃が逢っても凶とはならずかえって良好な命式になります。

例を挙げておきます。

【例】　内格　日主身弱

正官　己酉
偏財　丙寅

日主　壬子　日刃
比肩　壬寅

日主身弱で、日支に日刃が逢いますが、日主身弱のために、この陽刃は凶になりません。かえって喜神になり、時柱の比肩も喜神になります。月の丙火は反生の財となっていますし、『子平百章歌』では六壬趨艮格に入ります。この命式は、福山雅治さんのものです。

三六．神煞兩停，喜者存之，憎者棄之。

神殺両停は、喜ぶ者これを在し、憎む者これを棄てる。

官煞兩停は、自分の条件において喜ぶ者を残し、憎き者を棄てるべきです。

【註】『明通賦』では、「神煞兩停」は官殺兩停になっており、官殺に日主が挟まれる命式として扱われています。

例を挙げておきます。

【例】　内格　日主身弱

印綬　丙午
正官　甲午　合去
日主　己未　合去

七殺　乙亥

この命式は女性のもので、君側に官殺が両停し、月干の正官は年の印綬に洩らされて仕事は申し分なく良く、時の七殺は、年下の彼氏を表し、彼女は究極の選択として月干の正官を選び、年下の彼氏を棄てました。つまり、喜者は月干の正官で、憎者は時干の七殺だったのです。

三七．地支天干合多，亦貪合忘官。

地支や天干に合が多ければ、また貪合忘官となる（貪りの合は官を忘れる）。

地支や天干の正官の合が多い命式は、合を貪って官を忘れてしまうとされています。例を挙げておきます。

【例】　従殺格

劫財　戊午
正官　甲寅
日主　己酉
正官　甲子

この命式は女性のもので、日主に正官が二つあります。そのため、結婚が自然な状態で決まるのはなく、男性との関係が乱れる傾向にあります。実際、彼女の彼氏である男性は協議離婚中で、それが決着してから結婚するというケースでした。庚金の大運は、庚金が夫干の甲木を剋する傷官見官となり、結婚は破局に向かう危険性があり、トラブルは避けられないようです。この貪合忘官とは、自分の本質が合に阻まれて運命の男性が誰だったかを忘れてしまうもので、男性なら自分の本職が何だったのか迷うことになります。

三八．四柱煞旺運純，身旺為官清貴。

四柱の殺旺、運が純であり、身旺と為せば、官は清貴となる。

四柱の七殺が旺じて、運が純、つまり官殺渾雑にならず、身旺であれば、官職は清い職務を遂行することができます。

例を挙げておきます。

【例】内格　日主身強

七殺　庚辰
七殺　庚辰　土用生まれ
日主　甲申
比肩　甲子

この命式は、七殺が四柱の年月に並び、根が日支に通根し、日主をしっかりと制しています。官殺渾雑の運に入らず、日主が旺じて七殺が強くならなければ、非常に清らかな行いをします。

三九．凡見天元太弱，内有弱處復生。

凡そ天元に太弱をみれば、内に弱所の復生が有る。

天元太弱の命式は、必ずどこかに救いがあるとしています。これは印綬や比肩、劫財によって救われる可能性があるからだと考えられます。

天元太弱とは、日主に根がなく、印綬があることで日主がその印綬の生気をすべて奪い吸収するので、人としても人格的に問題があるでしょう。

例を挙げておきます。

【例】　内格　日主身弱

偏財　壬子
劫財　戊申
日主　己卯
印綬　丙寅

この命式は、財星が強く、日主に根がありませんが、君側に劫財と印綬によって生じ助けてられています。

四十．柱中七煞全彰，身旺極貧。

柱中に七殺が全彰し、身旺ならば、極貧となる。

日主以外が七殺になって身旺の命式の場合は、まず本主不和の反社会的態度となり、喜ぶ財星が命式に出ていないのは財的に非常に不利であり、七殺は、守衛といったような仕事にしか就けず、極貧となるとしています。

例を挙げておきます。

【例】内格　日主身強

七殺　庚辰
七殺　庚辰　土用生まれ
日主　甲辰
七殺　庚午

この命式は、日主が強く、七殺が年月時にありますが、根がなく、まさに「身旺極貧」の命式に該当します。

四一・無煞女人之命，一貴可作良人。

無殺の女人の命は、一貴ならば良人を作り可である。

女性の命式に殺がなく、ただ一つの正官がある人は、女性として良き人になるとしています。例を挙げておきます。

【例】内格　日主身強

戊寅
辛酉　秋分前生まれ
甲寅
戊辰

この命式は女性のもので、一位の正官が天干に昇って地支の蔵干にも七殺がありませんから、この「一貴可作良人」の命式に該当します。

四二・貴衆合多，定是師尼娼妓。

貴が衆く、合が多ければ、定めて是れ、師尼娼妓となる。

正官が多く、地支に合が多ければ、必ず師尼か娼妓の何れかになります。

正官が日主に合した場合は、一つであれば一対一の夫婦の関係を生みますが、一対多の関係が生じて来ます。ゆえに師尼や娼妓になるとしています。地支に合が多いと生活が安定しないので安定した職業に就くことできません。

例を挙げておきます。

【例】　従殺格

正官　丙申

正官　丙申　合去

日主　辛巳　合去

正官　丙申　合去

この命式の女性は、まさに正官の合が多く、地支にも六合が妬合しますから、「師尼娼妓」の命式に該当します。

四三．偏官時遇，制伏太過乃是貧儒。

偏官が時に遇い、制伏太過ならば、すなわちこれ貧儒となる。

偏官が時に遇って非常に強く、日主を過剰に抑えている場合は、貧儒になるとしています。

【註】制伏太過…七殺で日主を抑え過ぎること。

例を挙げておきます。

【例】内格　日主身弱

偏印　甲辰
七殺　壬申
日主　丙午
七殺　壬辰

この命式は、日主の君側に七殺があって日干を著しく剋していますから、「貧儒」の命式に該当します。この命式の人は、哲学等に興味を持ち、有名大学の助手や教授になっても特殊な職業ゆえに貧しいと言えます。

四四．四柱傷官，運入官郷又破。

四柱の傷官は、運が官郷に入ればまた破れる。

四柱に傷官のある命式は、大運が官星に入ると破れてしまいます。

例を挙げておきます。

【例】従旺格　カルロス・ゴーン容疑者

比肩　甲午
傷官　丁卯　乙は春分後に萌える
日主　甲子
比肩　甲子

大運
癸酉

この命式は、月上に傷官があり、官星の大運に問題が発生しています。命式に傷官を持った外格の人は特に官星を忌みますから、大運が官殺運に入ったときは、注意が必要です。

四五．五行絶處，即是胎元，生日逢之，名曰受氣。

五行の絶所は、即ちこれ胎元、生日がこれに遇えば、名曰く受気。

五行が絶のところにあることを、十二長生では胎元と言い、生日がこれに遇えば、名曰く「受気」と言います。

日主	生月	絶の十二運	胎の十二運	月令の通変星
甲乙	申酉	申	酉	正気の官星
丙丁	亥子	亥	子	正気の官星
戊	寅卯	子（亥）帝旺未	子	正気の財星
己	寅卯	巳（午）帝旺丑	午（未）	正気の官星
庚辛	巳午	寅	卯	正気の財星
壬癸	辰戌未丑	巳	午	正気の官星

【註】十二運の配当は、己土だけが月令と一致していません。壬水の午は、胎になるので、正気の正官を取り、癸水の絶は、正気の正官を取ります。

四六．是以陰陽罕測，不可一例而推，務要神分貴賤，略敷古聖之遺書，約以今賢之博覧。若遵此法参詳，鑑命無差無忒。

これを以って陰陽の罕測、一例に而して推すべからず、務要は、神を貴賤に分ける、略敷古聖の遺書、約を以って今賢の博覧。もしこの法に遵って参詳すれば、鑑命は無差無忒となろう。

この「喜忌篇」の陰陽五行を量る術によって一例だけを推察して看るのではなく、通変星の貴賤を分けることです。

【註】陰陽の罕測…陰陽五行の術。
無差無忒…間違いが少ない。

◉──喜忌篇の解説

徐大昇が編集した『喜忌篇』は、財官を用神にして、日主の身強と身弱のケースを論じ、官星、財星、印綬、七殺、傷官、陽刃、劫財が、どのように展開しているかによって命式の喜忌を論じています。

五行の気を五気といい、地支の蔵干には正気と雑気があり、徐大昇独自の「地支造化図」より求められた蔵干によって通変星の格局を求めていきます。そしてある条件によって十八格局の入格を看ていきます。

日主が非常に強ければ、太過と言い、反対に日主がたいへん弱い場合は、太弱と言います。月令の条件や財官の有無によって命式の日主の強弱は、強旺、太弱、無気といった多様な状態を生みますから、この日主の強弱を観察して見極めていくことこそが、子平推命を理解する早道と考えられます。

一位の正官であっても、官殺渾雑を非常に恐れ賤命となってしまうので、正官が七殺によって汚される、つまり、正官の気品が損傷されると考えられます。また、正官の蔵干が蔵する月支が刑沖破害に逢うことを忌みます。なぜなら正官の発する貴気が損なわれてしまうからです。

官星が太過すると日主は、極めて太弱となります。つまり、日干が官星に圧迫されて身動きがまったく取れない状態となるのです。

七殺に関しては、純殺は、全ての天干が七殺になり正官が命式に混ざらない場合、七殺が身強の日主を制したとき、一つの七殺に逢っただけでも清貴の命となりますが、より七殺が多いほうが一品の貴となり、反対に日主身旺の七殺は全彰であっても極貧となります。そして時上の七殺の偏官が忌神で強いと貧儒となり、日主をしっかり七殺が制したときにはじめて貴が得られます。七殺が日主を抑え切れない命式や、七殺が日主を剋することで日干をダメにしてしまう命式は、共に貴が得られないとしています。

七殺が命式に無く、一つの正官がある女性は良人になりますが、反対に官殺や合の多い命式は、僧道、道行や娼妓になってしまいます。これは、官殺渾雑や合となることで、対社会との関係が多様な関係を生み出すからと考えられます。一位の正官、つまり、正気の正官が月干に昇った命式は、目上の夫との関係が強調され密接な関係になりますが、歳干や時干のある官星は、官星隠露となり、夫との関係が気薄になってしまうと考えられます。

建禄が七殺に逢うことを忌み凶となります。これは、五行の建禄が七殺によって伐採される象意となり、日主が当令する飛天禄馬格や倒冲格は特に七殺を恐れます。

官星の正官と七殺とが交差していても七殺が合していればかえって貴命となります。正官は一位にあればこそ貴気を発します。つまり、官星が交差する命式は、命式上、歳運と大運のとき、七殺が合去するときが貴を得るチャンスといえます。

印綬は、命式に財星があることを嫌い、財星があると印綬の良さが発揮されません。そして運勢で財星が巡ってきたときは、職を退くのが良く、そうしないと禍が身に降りかかるとしています。印綬は、名声や名誉を表し、これは財によっていとも簡単に汚され壊されてしまうからです。

劫財と陽刃は、日主が身旺のときは、時に逢うことを忌み、子孫や後継者が育たないことを意味しています。反対に日主が無気の身弱のときは、時干の陽刃は凶とはなりません。その作用は、日主を助ける比劫の働きに変わるからです。子平では、日主の身強と身弱によって通変の働きに喜忌という現象が起きるからです。

日干が極めて弱い太弱は、必ず日主を補助するものが命式にあるとしています。官星が当令した月に生まれた日干は、受気を受けやすい状態にあり、印綬ならば生気となり、比劫は助気、官星は殺気、財星ならば盗気、食傷が多ければ気散となります。

傷官が月建にあって天干に昇った場合は、凶命にはなりません。これは、傷官傷尽の命式に限った場合であり、大抵の傷官は、官星が運勢でやってきたときに禍に遇います。

結局、徐大昇の『喜忌篇』は、官星の正官と偏官の究明を優先しています。官星に絡む財星は、日主の強弱で大きく喜忌が変動していくものと考えられるからです。

継善篇を読み解く

次に、継善篇を読み解いていくことにします。

一．人稟天地，命屬陰陽。生居覆載之内，盡在五行之間。欲知貴賤，先觀月令乃提綱。次斷吉兇，專用日干為主本。三元要成格局，四柱喜見財官。

人は天地を稟け、命は陰陽に属し、覆載の内に生居し、五行の間に尽して在る。貴賤を知ることを欲せば、先に月令すなわち提綱を観る。次に吉兇を断じ、専ら日干が用で主本と為す。三元は格局の成を要し、四柱に財官を見るのを喜ぶ。

人は、天地の間にあり、命というのは、陰陽に属し、天地の内に生居し、五行の間に尽くして存在します。貴賤を知るには、先に月令すなわち提綱（月支の蔵干）を観ます。次に吉凶を判断して専ら日干を主本として用います。天地人の三元は、格局を成すことを必要とし、四柱に財官を見ることを喜びます。

継善篇では、格局は、三元が揃うことで格局が成立すると見ていますが、徐大昇の『通變淵源』の序や起法に書かれた格局の取用法の用訣を読まないまま、この継善篇のみで、透派は自説の子平論を展開してしまったので、徐大昇の財官を喜ぶ命式と財官を忌む外格の格局を完全には理解できなかったと考えています。

二．用神不可損傷，日主最宜健旺。

用神は損傷するべからず、日主は最も健旺が宜しい。

用神は壊れるべきではなく、日主は、当令もしく日主の根がしっかり通根している命式が最も好ましいとしています。

格局が決まれば、次に用神が決定します。用神は、基本的に財官の有無から看ていきますが、通変星が喜神になる内格の場合は、次のように判断します。

内格身強の官星格は、傷官が損傷します。食傷が命式にあれば財星が用神になります。

内格身強の財星格は、比肩、劫財が損傷します。比肩、劫財が命式にあれば、官星が用神になります。

内格身弱の印綬格は、財が損傷します。財が命式にあれば、比肩劫財が用神になります。

内格身強の食神、傷官格は、印が損傷します。印が命式にあれば、財星が用神になります。

内格身弱の比肩、劫財、陽刃格は、官殺が損傷します。官星が命式にあれば食神傷官が用神になります。

ゆえにその用神を損傷されることを恐れます。

通変星が忌神の場合は、内格身弱の官星格は、印綬が用神で抑えます。内格身弱の財星格は、比肩、劫財が用神で抑えます。内格身強の印星格は、財が用神で抑えます。

内格身弱の食神、傷官格は、用神が印で抑えます。ゆえにその用神が損傷されることを恐れます。内格身強の比肩、劫財、陽刃格は、用神が官殺で抑えます。

外格が取れた場合は、財官が忌神になりますから、地支にある財官の根も忌神になります。そしてその忌神を冲する地支が用神になります。

両神成象格は、通関が用神になりますから、通関用神が損傷されることを非常に恐れます。

三、年傷日干，名為本主不和。

年が日干を傷つければ、名を本主不和と為す。


年が日干を七殺で傷つける命式を「本主不和」と言います。『通變淵源』の「起法」では年を本、日を主としますから本主不和になります。淵海子平のテキストは、主本不和で最初の二文字が逆転しています。

例を挙げておきます。


【例】

年本	庚	辛	壬	癸	甲	乙	丙	丁	戊	己
月										
日主	甲	乙	丙	丁	戊	己	庚	辛	壬	癸

本主不和の人は、社会から傷つけられますから、いじめや差別に遭ったり、社会から正当な評価が受けら

れなかったりして、社会で出世していくことに大きな弊害になると考えられます。

四．歳月時中，大怕煞官渾雑。

歳月時中に殺官が渾雑することを大きく怕れる。

命式の年月時の中で殺官が混ざる命式を大きく恐れ、非常に悪い命式であるとしています。官殺渾雑の悪さは、貴品が壊れ、職業運が非常に悪くなります。

例を二つほど挙げておきます。

【例1】年が七殺で月が正官の命式

年柱	庚○	辛○	壬○	癸○	甲○	乙○	丙○	丁○	己○	戊○
月柱	辛巳	庚寅	癸卯、丑	壬戌	乙亥	甲申	丁酉	丙午	戊辰	己未
日主	甲○	乙○	丙○	丁○	戊○	己○	庚○	辛○	壬○	癸○

【例2】年が正官で月が七殺の命式

年柱	辛○	庚○	癸○	壬○	乙○	甲○	丁○	丙○	戊○	己○
月柱	庚子	辛巳	壬戌	癸卯、丑	甲○	乙亥	丙午	丁酉	己未	戊辰
日主	甲○	乙○	丙○	丁○	戊○	己○	庚○	辛○	壬○	癸○

五．取用憑於生月，當推究於淺深。發覺在於日時，要消詳於強弱。

生月において、取用を憑けるには、推究は浅深において当たり、発覚は日時においてあり、消息の要は強弱において詳しくする。

用神を取るには、生月を使い、その推究は、蔵干の日数の浅深によって当たり、その発覚は日時においてあり、要はその消息を、五行の強弱において詳しくみます。

透派の継善篇は、子平大法と内容がかなり近接していますが、蔵干論が根本的に違っていますから、徐大昇の飛天禄馬格や倒冲格、六陰朝陽格や合禄格に対する深い考察が書かれていません。もしかしたら三奇法を含めた他の子平四大秘伝の中に書かれているかもしれませんが、その秘伝書の出現を待つよりも、この喜忌篇と継善篇の子平をマスターしたほうが実際の鑑定に非常に役立つと考えています。

【註】浅深…浅は蔵干の日数が少なく深は日数が多い。蔵干が複数通るなら、日数の多い方を取る。
要消詳…消息。
強弱…五行の強弱。

六．官星正氣，忌見衝刑。

官星の正気は、冲刑を見るのを忌む。

正官の正気、つまり月令を得た官星の月支に刑冲を見ることを忌みます。

例を二つ挙げておきます。

【例1】 官星の正気

		化金								化火
年柱	癸卯	戊寅	癸巳	壬午	癸酉	丙申	癸亥	壬子	己亥	戊子
月柱	辛酉	庚申	癸亥	壬子	乙卯	甲寅	丁巳	丙午	己巳	戊午
日主	甲○	乙○	丙○	丁○	戊○	己○	庚○	辛○	壬○	癸○

乙庚は化金、癸戊は化火して正気の官星になりません。

【例2】 内格　日主身強

正官　辛卯
傷官　丁酉
日主　甲戌
陽刃　乙亥

この命式は、正気の官星が年上に昇っていますが、丁が辛を剋し卯酉の冲を見ます。

七．時上偏財，怕逢兄弟。

時上の偏財は、兄弟に逢うことを怕れる。

時に偏財があった場合は、時支に蔵干の比肩や劫財があることを恐れます。

日主　甲○　　乙○　　丙○　　丁○　　戊
偏財　戊辰（乙）　己卯（乙）　庚寅（丙）　辛丑、亥　壬子、戌（戊）

日主　己○　　庚○　　辛○　　壬○　　癸○
偏財　癸酉　　甲申（庚）　乙未　　丙午　　丁巳

甲日戊辰時
乙日己卯時
丙日庚寅時
戊日壬戌時
庚日甲申時

以上の時上偏財は、兄弟の通変星が蔵しているので、格局としてはランクが下ります。

八．生氣印綬，利官運畏入財郷。

生気の印綬は、官運が利で財郷に入るのを畏れる。

日主を生じている印綬は、官運に利益があり、財運に入ることを畏れます。

【註】生氣印綬…印綬は、日主を生じる印と、日主が印綬を生じる関係がある。

日主		印綬		官運	
甲		壬	↑	庚	印綬を生じる
甲	↑	癸			
丙		甲	↑	癸	印綬を生じる
丙	↑	乙			
丁	↑	甲		壬	印綬を妨害する
丁	↑	乙			
戊	↑	丙			
戊		丁	↑	甲、乙	印綬を生じる
己		丁	↑	乙	印綬を生じる
庚	↑	戊			
庚	↑	己		丙	印綬を妨害する
辛	↑	戊			
辛	↑	己			
壬	↑	庚			
壬		辛	↑	戊	印綬を生じる

癸　庚

癸　辛　↑　戊　印綬を生じる

以上の印綬は、官印相生するので、印綬格で官星が具体的に吉になるケースです。印綬は財星を喜びませんが、日主と合する財は、印綬を直接剋しに来ないので、その被害は軽減します。

例を挙げておきます。

【例】

行運　己　辛　癸　乙　丁

印綬　癸　乙　丙　戊　庚

日主　甲　丙　戊　庚　壬

九．七煞偏官，喜制伏不宜太過。

七殺偏官は、制伏を喜び、太過は宜しからず。

命式に七殺や偏官がある場合は、七殺ならば天干に昇らないほうがよく、強い日主を制伏することを喜びますが、七殺が太過することは好ましくありません。

例を挙げておきます。

【例】

比肩　甲寅
偏官　庚午
日主　甲申
陽刃　乙丑

この命式は、元大リーガーの松井秀喜さんのものですが、丙戌の年に大怪我をしています。それは丙火が天干に昇って、さらに地支に火局の三合が揃ってしまったからです。

十．傷官復行官運，不測災來。

傷官がまた官運に行けば、不測の災が来る。

喜神の傷官を月干に持つ人は、運勢が官に向かうと不測の災いがやってきます。
例を挙げておきます。

【例】　従旺格　カルロス・ゴーン容疑者

比肩　甲午
傷官　丁卯　乙は春分後に萌える
日主　甲子

比肩　甲子

大運

癸酉　官旺の運勢

この命式は、月上に傷官があり、官星の大運に問題が発生しています。命式に傷官を持った外格の人は特に官星を忌みますから、大運が官殺運に入ったときは、注意が必要です。喜忌篇の最後にも同様の見方があります。傷官が忌神でも印綬がある人は、反対に官の運勢は喜神になります。

十一．陽刃衝合歳君，勃然禍至。

陽刃が歳君と冲合すれば、勃然と禍が至る。

陽刃が年運と冲合した場合は、勃然と災いが至ります。

例を挙げておきます。

【例】

偏財　甲午

傷官　癸酉　月支辛は通変星が陽刃になる

日主　庚辰

印綬　己卯

年運
辛卯歳　陽刃に沖に逢う
壬辰歳　陽刃に合に逢う

この命式は、元々命式の陽刃が合に逢っています。原文によれば、日主身弱であれば、陽刃の支もしくは、通変星の陽刃が冲合に逢うことを非常に恐れます。

十二．富而且貴，定因財旺生官。

富にして且貴は、財旺生官に因って定まる。

富貴の人は、財旺生官の命式を持っています。富貴になる命式の人は、財官が年月に並んで強い日主を抑える命式が理想的になります。特に女性は男性を出世させる才能があって玉の輿に乗ると言われています。例を挙げておきます。

【例】
偏財　丙辰
正官　己亥

日主　壬午
偏財　丙午

この命式は、筆者が主催する講座の受講生のお嬢様の命式ですが、日主身強で財官を喜び、その財官が財旺生官になっています。有名大学の修士を卒業し、良い縁談に恵まれて玉の輿に乗ることができました。

十三．非夭則貧，必是身衰遇鬼。

夭に非らざれば、すなわち貧は、必ずこれ身衰が鬼に遇う。

短命ではなくて、貧命になる人は、必ず日主身弱で官殺に遇う命式です。
例を挙げておきます。

【例】

食神　丁巳
正官　庚戌　土用生まれ
日主　乙丑　日支丑と時支未は冲に無恩の刑があって、さらに流年の乙未の冲が重なったとき離婚が成立したと考えられます。
偏印　癸未

この命式は、日主が身弱で正官が日主に合していますが、この正官は、官ではなく、官鬼として働き、乙未の年に離婚し、二〇二〇年の庚子の年に再婚する運勢にありました。

十四．六壬生臨午位，號曰祿馬同郷。

六壬が午位に生臨すれば、號して曰く、禄馬同郷。

壬日生まれの午の支に臨めば、禄馬同郷と号します。

例を挙げておきます。

【例】 内格 日主身弱

偏財 丙辰
劫財 癸巳
日主 壬午 丁十五日 己十五日
偏印 庚戌

この命式は、日主の壬日が午に臨み、財官が同宮しています。しかし、日主身弱の財官を忌むので、禄馬同郷を喜びません。忌む財を抑える比肩、劫財が喜神の用神で、水局の申子辰、亥子丑が喜神となります。この命式の人は、有名なソムリエになりました。

十五．癸日坐向巳宮，乃是財官雙美。

癸日が巳宮に坐向すれば、すなわちこれ財官雙美。

癸日生まれの巳の支に坐せば、財官双美になります。

例を挙げておきます。

【例】　従殺格

偏財　丁丑　（癸八日、辛七日、己十五日）
正官　戊申　合（壬戊庚）日主の癸水の申月の正官は退気の官星となる。
日主　癸巳　合（庚戊丙）
正財　丙辰　（乙七日、癸八日、戊十五日）

この命式は女性のもので、従殺格になり、大運では正気の正官は、適齢期に巡ってきません。また、日主の下の巳字に正気の正官が蔵していますが、惜しいことに申巳の合で用途を失っています。つまり、この巳字を開合する寅字か亥字の運が成婚のチャンスになります。彼女は、販売方面の仕事に従事し、戊戌年と己亥運は販売実績が店長よりも実績が上であったので、財官双美と言えるのではないでしょうか。

十六．財多身弱，正為富屋貧人。

財多身弱は、正に為す、富屋貧人。

財多身弱の日主よりも財が多い命式の人は、富屋貧人と言って、裕福な家に住んでいるにも関わらず、貧しい人になる、つまり、お金の使い方に問題があって、肝心なところにお金を投資しないことが失敗につながります。

例を挙げておきます。

【例】　内格　日主身弱

比肩　癸卯
正財　丙辰　木令生まれ
日主　癸未
偏財　丁巳

大運　五一～六十歳　庚戌（辛丁戊）

この命式の人は、戌の大運の戊戌の年に、年干の財を抑える癸の用神が合去され、不摂生もたたって感染症に罹りました。この年干の癸は、耳を表し、耳そのものに問題の原因があるのかも知れません。大運は月支を冲し、非常に危険な運勢にあります。

十七．以殺化權，定顯寒門貴客。登科甲第，官星臨無破之宮。

殺を以って権に化せば、定め顕わる寒門の貴客であり、登科甲第は、官星が無破の宮に臨む。

七殺を偏官にして日主を抑える命式は、非常に苦労して出世していった人です。科挙に合格する人は、必ず命式の官星が無破の宮、つまり月支に坐す官星の地支所蔵に冲合がない人です。この両方の命式の違いは、正官によって日主を制するか、もしくは偏官で日主を制するかのわずかな差で、同じ出世していく過程に大きな違いを生じます。これが命の違いであり、命式のランクの違いと言えます。

後生に書かれた門派の写本の『子平辨方録』の十六通變では、正官の見方の中に甲辛の関係は、「甲は辛の光を遮る」とあり、門派の独自な解釈である甲の日主を辛金は剋せないゆえに貴としないといった、明らかに干関係主体の行きすぎた見方をとり、格局の基本的な見方を考慮した上に干関係を吟味すべきところが転倒してしまっています。

この過ちを根本的に修正するには、徐大昇の『通變淵源』を復活させて本流に回帰し、李虚中から徐大昇の子平研究成果を現代の子平につなげる作業が必要でしょう。

十八．納粟奏名，財庫居生旺之地。

納粟奏名は、財庫が生旺の地に居る。

財運が旺盛な人は、財が庫となっていても財が当令している命式となります。

【例】倒冲格
合去　辛亥
合去　丙申
日主　丙子
比肩　丙申

この命式は、財が当令していますが、天干に昇っていませんから庫の状態にあり、財運が旺盛であると言えます。そして官も庫の状態にあり、社会的地位も一般の人よりも高くなります。しかし財官が天干に昇ったときは、財の災難と官災に遭っています。

※納粟奏名…高額納税者によって地位や発言権を得た人。

十九．官貴太盛，纔臨旺處必傾。

官貴の太盛は、纔に臨むも旺處に必ず傾く。

官星が非常に多い命式の人は、日主がたとえ旺所に臨んでも財が来たら必ず傾きます。

例を挙げておきます。

【例】
食神　丁巳
正官　庚戌　土用生まれ
日主　乙丑
偏印　癸未

この命式は、日主が身弱で正官が日主に合していますが、この正官は、非常に強く、大運で財が来たときは、日主が財官の重圧に負けて必ず傾きます。

二十．印綬被傷，倘若栄華不久。

印綬の被傷は、倘ちもとおり栄華不久のごとし。

もし印綬が傷を被るようなことがあれば、栄華は久しからずとあります。つまり今ある栄華は、一時的なもので、その優雅だったり、裕福だったり、贅沢な生活はやがて終結を見ることになります。

例を挙げておきます。

【例】内格　身弱

食神　辛丑
偏印　丁酉
日主　己巳
偏官　乙丑

大運
癸巳
壬辰

この命式は、筆者のものですが、巳の大運のときに船井メディアでセミナー等の仕事で多忙をきわめていましたが、印綬が被傷した壬辰の丁壬の合去の運のとき、その仕事を失っています。

二一・有官有印，無破作廊廟之材。

有官有印は、無破ならば、廊廟の材を作る。

官星と印綬に破れがない命式は、国家の重要な人材になります。

破れがない官印相生の命式は少なく、以下のとおりです。

日主		**印綬**		**官星**
丙		甲	↑	癸
丙	↑	乙	↑	壬
戊		丁	↑	甲
戊		丁	↑	乙
己		丁	↑	乙
壬	↑	庚	↑	戊
壬		辛	↑	戊
癸		辛	↑	戊

なお、内格の身弱でないと官と印が喜神になりません。

二二．**無官無印，有格乃朝廷備用**。

無官無印は、格が有れば、すなわち朝廷の備用。

官がなく、印がなくても格局があれば、朝廷の要人になります。

官印がなくて格局が成立する命式は、以下のとおりです。

飛天禄馬格（庚子、壬子、辛亥、癸亥日）
倒冲格（丙午、丁巳日）
乙己鼠貴格（乙日丙子時）
合禄格（戊日庚申時）
子遥巳格（甲日甲子時）
丑遥巳格（辛丑、癸丑日）
壬騎龍背格（壬辰、壬寅日）
井攔叉格（庚子、庚申、庚子日）
帰禄格（甲日丙寅時）
刑合格（癸日甲寅時）
拱禄格・拱禄格

二三. 名標金榜，須還身旺逢官。

名標金榜は、須らくまた身旺に官が逢う。

科挙試験の合格者に名を連ねる人は、必ず日主が身旺で官に逢う命式です。例を挙げておきます。

【例】
偏財　丙辰
正官　己亥
日主　壬午
偏財　丙午

この命式は、日主が当令した身旺の内格身強で財官を喜び、その財官が財旺生官になっています。格局は月支の建禄に正官と財が逢っているので、本来ならばその月支は、財官が当令したほうが官僚向きの命式になります。

二四．得佐聖君，貴在衝官逢合。

得佐聖君は、貴が冲官に在って合に逢う。

聖君の助けを得る人の貴は、冲官逢合のある命式です。つまり飛天禄馬格や倒冲格は、まさに財官を冲合して抑えることで貴命となります。

例を挙げておきます。

【例】
傷官　庚寅

印綬　丙子
日主　己巳　冲　亥　甲十日　壬二十日
劫財　戊辰

この命式は、財官が天干に昇っていませんが、地支の巳亥の冲によって正気の財官を抑えることができます。この命式は本多信明先生（故人）のものですが、インド占星術の先生に拝師を許されました。まさに聖君の助が得られたのではないでしょうか。

【註】冲官逢合…徐大昇のオリジナルの外格の飛天禄馬格や倒冲格を指す。

二五．非格非局，見之焉得為奇。

非格非局は、これを見ればいずくんぞ奇を得ると為すや。

命式に格も局もないような命式は、奇を得ることができません。

例を挙げておきます。

【例】

正官　丙申　刑　恃勢の刑
劫財　庚寅　刑
日主　辛丑　刑

偏印　己未　刑　無恩の刑

この命式は、官印が天干にありますが、地支が寅申、丑未の冲に遇って用途を失っています。まさに「非格非局」の命式に該当します。

二六．身若遇官，得後徒然費力。

身がもし官に遇えば、得た後に徒然費力となる。

日主が身弱で官に遇う命式は、必ず努力が無駄となる人になります。つまり官に日主がわたりあうことができず、反対に官に振り回されて苦労する人生であると言えます。

例を挙げておきます。

【例】
食神　丁巳
正官　庚戌　土用生まれ
日主　乙丑
偏印　癸未

この命式は、日主が身弱で正官が日主に合していますが、正官が非常に強く、年干の食神が官を抑えていますが、実際にはほとんど官を抑え切れず、官の言いなりになって、まさに「徒然費力（無駄な努力ばかりする）」の人生と言えます。

【註】身若遇官…他のテキストでは「身弱遇官」とある。

二七．小人命内，亦有正印官星。君子格中，也犯七煞陽刃。

小人の命内にまた正印官星が有り、君子の格中にまた七殺陽刃を犯す。

小人の命式内にも正印や官星がある場合があり、印綬や官星の通変星があっても普通の人になることがあります。反対に君子であっても格局の中に七殺や陽刃があることがあります。ゆえに通変星の名称のみで貴賤を語ることはできないし、君子だから必ず印綬や官星があるとか、一般人なのになぜ七殺や陽刃がないのかというような先入観で命式を解釈しないほうが良いと思われます。

鑑定の際、有名人であったり、地位や身分が非常に高い人だったりすると、命式に何かがあるのではと考えてしまいがちですが、子平での推命は、あくまで格局を定め、用神によって、その人の本質的な富貴貧賤、つまり運命を看ていくことが必要です。

二八．為人好殺，陽刃必犯於偏官。

好殺の人は、陽刃に必ず偏官が於いて犯す。

殺伐とした人は、陽刃を偏官が制している命式です。
例を挙げておきます。

【例】
比肩　甲寅
偏官　庚午
日主　甲申
陽刃　乙丑

この命式は、日主身強で、陽刃が天干に昇っています。この陽刃や日主を制するには偏官のほうが良い命式になります。ゆえに陽刃の持つ荒っぽさや行きすぎた感情をうまく剪定していけると考えられます。

二九．素食慈心，印綬遂逢於天德。

素食慈心は、印綬が遂に天徳に於いて逢う。
質素で慈しみのある人は、印綬が天徳に逢う命式です。この人は、非常に宗教心があって自身の欲得も持ち合わせていない修身を好む人であると言えます。
例を挙げておきます。

【例】

月徳　偏財　丙子
偏印　　　　庚寅
日主　　　　壬戌
偏官　　　　戊申　天徳

この命式は、日主が身強で天干に財官印の三者が乱立しています。日主や印綬が強いので、年の財が月の印を制し、日主を偏官が制しています。さらに天月徳の二徳が命式にありますから「素食慈心」の命式に該当します。

三十．生平少病，日主高強。

生平少病は、日主が高強である。

一生健康で病気が少ない人は、日主が高強、つまり命式の財官によってうまく日主が扶抑されている命式だと言えます。そしてその財官と日主が対峙するには、日主の根が時支、日支、年支に通根している必要があります。

例を挙げておきます。

【例】
偏財　丙子　癸三十日
偏印　庚寅
日主　壬戌
偏官　戊申　壬十日

この命式は、日主の根が時支と年支に通根し、さらに日主が印綬によって強まっていますから、「日主高強」の命式になります。そして年の財が月の印を制し、日主を偏官が制していることから、健康に恵まれた人生であると言えます。

三一・一世安然，財命有氣。

一世安然は、財命有気である（日主も財も旺盛な気で満たされている）。

一生安泰な人は、財と命の気が旺盛でバランスが取れた命式です。財に有情と無情の区別があり、天干に昇った財と日主の関係によって看ることができます。蔵干に元々蔵した財も、先天的な有情と無情の財を看ていくことができます。有情の財は、甲己、乙戊、乙己、戊癸、己癸、壬丙、癸丙で、富まずとも福楽が大きく、無情の財は、甲戊、戊壬、己壬、辛甲で、たとえ富んでも福楽がないといわれ、財を得る苦楽を表します。

例を挙げておきます。

【例】

食神　辛丑　癸八日
印綬　丁酉
日主　己巳　↓　亥　壬二十日　丙が壬を抑えるために印綬で得る財である
偏官　乙丑　癸八日　時墓の財

この命式の財は年支と時支の土支の中にありますが、天干に昇っていませんので墓庫の状態であると言えます。日支の巳は亥を冲し、亥に正気の財があります。忌神の財は、天干に昇ったとき、財的なトラブルを発生しますが、天干に昇らなければ、その財は悪さをしないので良好な財運と言えます。日主己と癸の財は有情の財になります。

三二．官刑不犯，印綬天徳同宮。

官刑不犯は、印綬と天徳が同宮する。

一生官災に遭わない人は、印綬と天徳が同宮する命式です。
例を挙げておきます。

【例】
月徳　偏財　丙子
偏印　　　　庚寅
日主　　　　壬戌
偏官　　　　戊申 天徳

この命式は、日主が身強で天干に財官印の三者が乱立していますが、日主や印綬が強いので、年の財が月の印を制し、日主を偏官が制しています。さらに天月徳の二徳が命式にありますから「官刑不犯」の命式に該当すると言えます。

三十三．**少樂多憂，蓋緣日主自弱**。

小楽多憂は、蓋し日主が自弱による。

人生の福楽が少なくて憂いばかり多い人の原因は、日主が弱い命式だからです。つまり日主が財官にうまく対峙することができない、力不足になって財を得るために仕事に奔走して、自分の人生にゆとりが保てないと言えます。

例を挙げておきます。

【例】

傷官　庚戌
比肩　己卯
日主　己丑　己十五日
印綬　丙寅

この命式は、財官が天干に昇っておらず、日主と月の比肩の根が日支の丑にしかありません。現在大運は、癸酉の財の運勢にあり、本年は庚子でその丑と合去しますから、天干に昇った財に根がなくなり、財の被害を最小限に抑えることができます。

三十四．身強煞淺，假煞為權。煞重身輕，終身有損。衰則變官為鬼，旺則化鬼為官。

身強煞淺は、假煞が權と為し、煞重身輕は、終身有損になり、衰はすなわち官が鬼に変じ、旺はすなわち鬼が官に化す。

日主が身強で、殺が弱い命式は、仮の殺が権となすので、非常に地位の低い下級官僚にしかなれません。反対に殺が重くて、日主が弱い命式は、一生失うものが多く、これは日主が衰の弱いと官は鬼（七殺）に変わり、日主が旺の強いと鬼（七殺）が官に化すからです。

日主が命式中の七殺よりも弱いと身弱になり、日主が七殺より強いと身強になります。このとき、通変星の名称の振り方も、日主が身強ならば偏官と表記し、日主が身弱の場合は七殺と表記します。

三五．月生日干，運行不喜財鄉。日主無依，卻喜運逢財地。

月生日干は、運行の財郷を喜ばず、日主無依は、かえって財地の運に逢うことを喜ぶ。

月が日干を生じる印綬の命式は、行運では財の地を喜びません。反対に日主が無依の財官が日主を抑え切れない命式は、かえって財の地を喜びます。

例を挙げておきます。

【例】　内格　日主身強

偏官　戊申
偏官　戊午　丁十五日　己十五日
日主　壬申
印綬　辛亥

大運
癸巳　丙十日　癸戊干合は、財に変化干合する

日主無依の財官格は、行運の財地を喜びます。これは、命式中の強い日主を財気によって分奪して弱める働きがあるからです。

三六．時帰日祿，生平不喜官星。陰若朝陽，切忌丙丁離位。

時帰日禄は、生平官星を喜ばず、陰の朝陽のごときも、切に忌丙丁と離位を忌む。

日禄帰時格は、命式にも行運にも一生官星を喜びません。六陰朝陽格も同じく、官星の丙丁午巳を忌みます。

日禄帰時格は、甲の日主と丙寅の時の年月日に官星がまったくないことが、格局を形成する条件になりますから、官殺を喜びません。これは官星が逢うと傷官見官の凶格になるからです。六陰朝陽格は、辛の日主と戊子の時の年月日に官星がまったくないことが、格局を形成する条件になりますから、官殺を喜びません。これは官星が逢うと日主の辛が傷つき凶格になるからです。

三七．太歳乃衆煞之主，入命未必為災。若遇戦鬥之郷，必主刑於本命。

太歳はすなわち衆煞の主で、入命は未だ必ずしも災いと為さず、若し戦鬥の郷に遇えば、必ず本命に於いて主が刑する。

太歳、つまり年運の干支は、数ある神殺の主で、太歳入命の日干支と同じ年がやって来たとしても必ず災いに遭うとは限らず、日主と対峙する財官の太歳が来たときは、必ず日主が刑に遇って本命に問題が生じて来ます。

例を挙げておきます。

【例】　内格　身弱

食神　辛丑
偏印　丁酉
日主　己巳
偏官　乙丑

太歳
丁酉年　２０１７年

これは、筆者の命式ですが、流年の丁酉年に、月柱が同じ年にやって来ましたが、その年は、筆者が求めていた徐大昇の『通變淵源』が復刻された年です。

三八．歳傷日干，有禍必輕。日犯歳君，災殃必重。五行有救，其年反必為財：四柱無情，故論名為尅歳。

歳が日干を傷つければ、禍が有っても必ず軽く、日が歳君を犯せば、災殃は必ず重い。五行に救い有ればその年は反って必ず財を為し、四柱の無情は、故に「名為尅歳」を論ず。

歳が日干を傷つけた場合は、禍は必ず軽く済み、日主と歳君が同じ年で、日主が強い場合は、日が太歳を犯すと言って災難は非常に重いものになります。五行に救いが有れば、その年はかえって必ず財を成しますが、四柱が無情の命式は、ゆえに「名を剋歳と為す」としています。

歳傷日干

太歳　庚　辛　壬　癸　甲　乙　丙　丁　戊　己
日主　甲　乙　丙　丁　戊　己　庚　辛　壬　癸

日犯歳君

太歳　甲　乙　丙　丁　戊　己　庚　辛　壬　癸
日主　甲　乙　丙　丁　戊　己　庚　辛　壬　癸

三九．庚辛來傷甲乙，丙丁先見無危。丙丁返尅庚辛，壬癸遇之不畏。戊己愁逢甲乙，干頭須要庚辛。壬癸處遭戊己，甲乙臨之有救。壬來剋丙須要戊字當頭。癸去傷丁卻喜己來相制。

庚辛が来たりて甲乙を傷つければ、丙丁を先見すれば。危うきはなし。
丙丁は返って庚辛を尅すが、壬癸これに遇えば畏れず。
戊己は、甲乙の愁いに逢えば、干頭に須く庚辛を要す。
壬癸の處に戊己が遭えば、甲乙これが臨めば救い有り。
壬が来たりて丙を剋せば、須く戊字の當頭を要す。
癸が去き丁を傷つければ、卻って己の相制が来るのを喜ぶ。

甲乙日が庚辛の官殺に遇い、さらに丙丁の食傷が逢う命式。
庚辛日が丙丁の官殺に遇い、さらに壬癸の食傷が逢う命式。
戊己日が甲乙の官殺に遇い、さらに庚辛の食傷が逢う命式。
壬癸日が戊子の官殺に遇い、さらに甲の食傷が逢う命式。
丙日が壬の官殺に遇い、さらに戊の食傷が逢う命式。
丁日が癸の官殺に遇い、さらに己の食傷が逢う命式。

以上の命式は、日主が官殺に逢って、食傷によって制する食傷制殺の命式が論じられています。丙丁日は、七殺と食神によってのみ制します。

四十．庚得壬男制丙，夭作長年。甲以乙妹妻庚，兇為吉兆。

庚が壬を得て男の丙を制すれば、夭は長年を作る。甲は乙の妹を以って妻の庚、兇が吉兆と為す。

庚の日主の女性が壬の食神を得て、男性を表す丙の男を制する命式は、病弱で短命であっても長生きします。

甲の日主の男性は、乙が妹になり、妻の庚を妹の乙が合するので、恐妻の凶が吉兆になります。例を挙げておきます。

【例1】

男性　丙○
　　　壬○
自分　庚○
　　　○○

【例2】

妹　乙○
妻　庚○
自分　甲○
　　　○○

四一．天元雖旺，若無依倚是常人。【眉批】不見財官。

天元は旺と雖も、若し無依ならば、これ常人に倚る。

日干が旺盛といっても、無依の命式になってしまったら普通の人になります。ただ日主が旺じていても財官がなければ、社会において何の役にも立たない人になってしまう恐れがあります。

例を挙げておきます。

【例】

正官　丙申
劫財　庚寅
日主　辛丑
偏印　己未

この命式は、日主の君側に劫財と偏印があるため、日主が最強になっていますが、年干の正官に根がなく、常人の命式であると言えます。ゆえに社会的な地位を得ようとするような無謀な行為はかえって自分の身を滅ぼすことになります。

四二．日主太柔，縦遇財官是寒士。

日主の太柔は、たとえ財官に遇ってこれ寒士。

日主が陰干の人は非常に柔らかく、たとえ財官が命式にあっても、その財官に対応する能力が欠如していると考えられますから、世渡りが下手で、成功するにはかなりの努力が必要となります。

例を挙げておきます。

【例】　従財格

正財　壬辰
正財　壬寅　合
日主　己亥　合
正官　甲子

この命式は、日主が己土の陰干で根がなく、日主太柔に該当します。日主の己土は、財官の壬甲の重圧によって負荷がかかり、それを維持するのに非常に苦労が伴うと考えられるので、財官があるからといって手放しに喜べない命式です。

四三．女人無煞犯二德，可兩國之封。

女人の無煞で二徳を犯せば、兩國の封は可。

女性の命式に七殺がなく、つまり正官の一つがあって、天徳月徳の二つがあれば、二つの国から縁談がやって来ます。

例を挙げておきます。

【例】

偏財　戊寅　天徳
正官　辛酉　庚（透派の節気蔵干）
日主　甲子
比肩　甲子

この命式は、正官があって天徳もあり、七殺の庚も月徳に当たるので、凶が吉に変わります。また、透派の節気蔵干で看ると庚が蔵干となり、七殺があることになりますから、格局に矛盾が生じてきます。この見方を優先してしまうと、徐大昇が説いた正気の正官の本来の重要な観点と意味を見失う恐れがあります。

四四．男命身強遇三奇，為一品之貴。

男命は、身強で三奇に遇えば、一品の貴を為す。

男性の命式は、日主が身強で、三奇に遇えば、一品の貴になります。三奇は、財、官、印の三者か、乙丙丁の三奇が命式にあると非常に貴い身分に上がります。この見方の根源は、徐子平の『珞琭子三命消息賦』にみる格局の伝統を、徐大昇が引き継いだものと考えられます。

例を挙げておきます。

【例】

劫財　丁丑
印綬　乙巳
日主　丙辰
正財　辛卯

この命式は美空ひばりさんのものです。日主身弱ですが、乙丙丁の三奇によって構成されて地支に丑巳の半会がありますから、「一品之貴」に該当します。

四五．甲逢己而生旺，定懐中正之心。

甲が己に逢って而して生旺は、定めて中正の心を懐かしむ。（化気格の化土）

甲己が命式に逢って土用の月生まれは、必ず中正の心が懐にあります。

例を挙げておきます。

【例】

癸丑　↓　癸丑
壬戌　↓　壬戌
甲申　↓　戊申　陽の化神
己巳　↓　己巳　陰の化神　この二つで道（タオ）を表す。

この命式は、日主の甲が時の己と合します。また、土用月の生まれなので、日主甲が土行に変化干合し非常に強くなります。甲日は、甲尊と言って気位が高く高貴なイメージを人に与えますが、陰陽の土行に変化した人は、バランスの取れた性格で非常に真面目で公明正大な性格を有します。

四六．丁遇壬而太過，必犯淫訛之亂。

丁が壬に遇って而して太過ならば、必ず淫訛の亂を犯す。（丁壬の倍加干合）

丁壬が命式に逢って壬が非常に強いと、男女の色情の災難に遭います。丁壬干合して変化しない場合は、日主の丁に壬が貼り付くことで、日主に相当の負荷をかけます。日主身弱は、壬が官鬼となります。日主が身強の場合は、壬が正官になります。

例を挙げておきます。

【例】

比肩　丁未
偏財　辛亥
日主　丁卯
正官　壬寅

この命式は女性のもので、日主の君側が財官に挟まれて日主が身弱となっています。丁日の日主に対して正官が官鬼に化して倍加干合していますから、男性関係で失敗する人生になります。年下の彼と結婚した場合は、最悪の関係になる恐れがあります。

【註】淫訛の亂…色情に溺れて人生を誤る。丁壬の正官の官鬼は、夫が魔鬼に変わる。

四七．丙臨申位逢陽水，難獲延年。己入亥宮見陰木，終為損壽。

丙が申位に臨み陽水に逢えば、延年を獲るのは難しい。
己の亥宮に入り陰木を見れば、終に損壽と為す。

丙が日主で、壬申月になる命式は、長寿を求めても長生きが難しい。
己が日主で、乙亥月になる命式は、晩年に向かうにしたがって寿命が損なわれる。

この二つの命式は、同じ七殺が通変星となりますが、日主と七殺の干支が変わることで同じ身弱であっても官鬼の質の違いが表われます。つまり干関係を究明することで、その強度や性質を理解することが可能になるのです。

七殺　壬　申　壬十日　庚十三日
日主　丙　　　丙火と壬水は太陽と湖の関係で、丙火は壬水に直接剋されていない。

七殺　乙　亥　甲十日　壬二十日
日主　己　　　己土と乙木は大地と植物の関係で、己土は乙木に直接剋されている。

四八．庚値寅而遇丙，主旺無危。

庚が寅の値に而して丙に遇えば、主旺は危うきなし。

日主が庚で、丙寅月になる命式は、日主が旺ずれば、心配することのない人生になります。庚の日の丙の七殺は、偏官になります。

例を挙げておきます。

【例】

偏官　丙戌　丁八日
比肩　庚子
日主　庚辰　乙七日
偏財　甲申

この命式は、年上に偏官があって時に偏財があります。格局の優先順位は、一が月、二が時、三が年になりますから、時の財の時上偏財格が取れます、時上偏財を論じるとき、時支に日干の帰禄支は比肩劫財となるので好ましくありません。そして地支に三合水局があります。この水局が、財には有利に働きますが、官殺には不利に働きます。

四九．乙遇巳而見辛，身衰有禍。

乙が巳に遇い而して辛を見れば、身衰は禍有り。

日主が辛巳の月になる命式では、日主が衰えた身弱の場合は、禍の多い人生になります。

日主が身弱で四孟月の命式は、以下のように七殺の蔵干日数が同じになります。月上に七殺が来ない同じ月支で、時上に七殺が来たときも同様の判断になります。

乙日辛巳月　庚十日

丙日壬申月　壬十日

己日乙亥月　甲十日

庚日丙寅月　丙十日

五十．乙逢庚旺，常存仁義之風。

乙が庚の旺に逢えば、仁義の風が常に在る。（化気格の化金）

乙日が庚の旺。つまり秋月に逢えば、常に仁義の風がある人になります。

例を挙げておきます。

【例】化気格の従旺格

戊子　↓　戊子

庚申　↓　庚申　化神の陽干

乙丑　↓　辛丑　化神の陰干

戊寅　↓　戊寅

この命式は、秋月の庚申月に生まれて日主乙と庚が合していますが、この干合は月令を得ているので、金行に変化して仁義に厚い人になり、人望によって大業をなす人になります。この変化干合は、日主の五行が木から金に変化しますから、通常の通変星の振り方ではなく、日主の干を変えて振ります。

五一・丙合辛生，鎮掌威權之職。

丙が辛と合し生ずれば、威權の職を鎮掌する。(化気格の化水)

丙日が辛と合して変化すれば、威権の職を掌り諸悪を鎮めます。

例を挙げておきます。

【例】 天元一気格

壬申　↓　壬申
癸丑　↓　癸丑
丙子　↓　壬子　化神の陽干
辛卯　↓　癸卯　化神の陰干

この命式は、冬月の癸丑月に生まれて日主丙と時干の辛が合していますが、この干合は月令を得ているので水行に変化して威権の職につきます。それによって、世の中の諸悪を知恵によって鎮静化していく人になります。

徐大昇の「継善篇」では、干合理論が特に整備されています。この干合理論によって、日主が絡んだ甲己、丁壬、丙辛、戊癸、丙辛の五種の変化干合と、日主と合する乙庚、丁壬、己甲、辛丙、癸戊の倍加干合が、整備されていったと考えられます。

五二．一木逢重火位，名為氣散之文。獨水三犯庚辛，號曰體全之象。

一木が重火の位に逢えば、氣散の文と名を為す。（党食傷）

獨水が三つの庚辛を犯せば、號曰く、體全之象。（従強格）

乙が日主で、丙丁の火が重なった命式は、日主の乙木が燃え尽きてしまう気散の文という人生になります。これらの多くは、自らの行為が行きすぎたことによるものですが、それを本人が自覚していないと周りにも甚大な影響を与えてしまいます。

壬が日主で、庚辛の三者の印綬で構成する命式は、体全の象と号されています。

徐大昇の看命入式では、印綬は命式に二、三個あったほうがより良い命式、特に日主が水行で金行が会うことが良好な命式になるとしています。この両方の命式は、まさに日主と食傷、日主と印綬が対照的です。

例を挙げておきます。

【例】　**気散の文**

食傷	丙	丙	丙	丁	丁
食傷	丙	丁	丁	丙	丁
日主	乙	乙	乙	乙	乙
食傷	丁	丙	丁	丙	丙

体全の象

印綬	庚	庚	庚	辛	辛
印綬	庚	辛	辛	庚	辛
日主	壬	壬	壬	壬	壬
印綬	辛	庚	辛	庚	庚

五三．水歸冬旺，主平樂自無憂。木在春生，處世安然必壽。

水が冬旺に帰せば、主平は樂自無憂となる。（運が水局に巡る）
木が春生に在れば、處世は安然必壽となる。（長寿）

壬癸の日主が水の旺じる冬月に生まれていれば、一生安楽で憂いがありません。
甲乙の日主が木の旺じる春月に生まれていれば、人生が安泰で必ず長寿になります。

この水木の日主の命式が、病や困難に今遇っているとすれば、大運がそれぞれの日主が当令する運勢に至ったとき、その問題が徐々に回復していくと考えられます。
例を挙げておきます。

【例】
食神　甲戌　娘を表す食神の甲木が月干の辛金を壊している
印綬　辛未　土用生まれ
日主　壬子
偏財　丙午

この命式は女性のものですが、自分の娘が若くして亡くなったために、悲しみの余りに肺病を患ってしまいました。しかし、現在大運が水局にまわっているので、病気が克服される可能性があります。

五四．金弱遇火炎之地，血疾無疑。土虛逢木旺之郷，脾傷定論。筋疼骨痛，蓋因木被金傷。眼暗目昏，必是火遭水克。

金弱が遇火炎の地に遇えば、血疾無疑となる。（庚丁は血の病）
土虚が木旺の郷に逢えば、脾傷定論となる。（戊甲、己甲、己乙は胃腸病）
筋疼骨痛は、蓋し因って木被金傷となる。（甲庚、乙庚、乙辛は、腰痛）
眼暗目昏は、必ずこれ火遭水克となる。（丁癸は、眼病）

以上の命式は、日主の身弱が七殺に遇うことで生じる病症であると言えます。

五五．金逢艮而遇土，號曰還魂。

金が艮（寅月）に逢い而して土に遇えば、號曰く、還魂。（庚戊の印綬の関係）
日主の庚が寅月に生まれて戊土に遇えば、魂が甦る、つまり死地にあっても復活します。
例を挙げておきます。

【例】
比肩　庚戌

偏印　戊寅
日主　庚辰
比肩　戊寅

この命式は、庚金が一番減退する寅月に生まれていますが、印綬の戊土が日主の庚金を生じる力が強く、不死鳥のように魂が灰から甦るとしています。

五六．水人巽而見金，名為不絶。

水人が巽（巳月）で而して金を見れば、名は不絶と為す。（壬庚の印綬の関係）

日主が壬水の巳月に生まれた人は、庚金を見れば、名は絶えることがありません。例を挙げておきます。

【例】内格　日主身弱

偏財　丙辰
劫財　癸巳
日主　壬午　丁十五日　己十五日
偏印　庚戌

この命式は、日主の壬日が巳月に生まれ日主が非常に弱まりますが、君側に印綬と劫財が日主を強めるため「名為不絶」に該当します。この命式の人は、有名なソムリエになりました。

五七．土臨卯位，未中年便欲灰心。金遇火鄉，雖小壯必然挫志。

土が卯位（卯月）に臨めば、未だ中年ならずして、すなわち灰心を欲す。

金が火鄉（午月）に遇えば、小壮と雖も必然挫志となる。

己日が卯月
庚日が午月

この二つの命式の条件は、非常に似ていますが、己乙と庚丁の関係が次のような判断を行っています。

己日の卯月の七殺は、中年期に達していないのに人生に絶望してしまう。
庚日の午月の七殺は、小壮期にすでに人生に挫折してしまう。

五八．金木交争刑戦，仁義俱無。

金木の交争刑戦は、仁義が俱になし。（金木の両神不通）

金木が抗争して刑戦する命式は、仁義が共にない人になります。

例を挙げておきます。

【例】

正官　辛亥　甲十日

比肩　甲午

日主　甲申　庚十三日

七殺　庚午

金二干一支十三日・木二干一支十日

この命式は、金行と木行が拮抗した両神成象格になり、通関神がないので、両神不通の凶格になります。

天干に昇った蔵干日数で比べると官殺側が有勢な命式になります。

五九．水火遞互相傷，是非日有。

水火の遞いに、互いに相い傷つけば、日に是非が有る。（水火の両神不通）

水火が代わる代わるお互いに損傷する命式は、日夜是非が絶えない人になります。

例を挙げておきます。

【例】

偏財　丙子　癸三十日
偏財　丙申　壬十日
日主　壬戌　丁八日
比肩　壬寅　丙十日

火二干二支十八日・水二干二支四十日

この命式は、火行と水行が拮抗した両神成象格になり、通関神がないので、両神不通の凶格になります。

天干に昇った蔵干日数で比べると日主側が有勢な命式になります。

六十．木従水養，水盛而木則漂流。

木は水の養いに従うが、水盛に而して木則ち漂流。（浮木）

木は、水によって養われますが、あまりにも水が盛れば、木が漂流してしまいます。

例を挙げておきます。

【例】　内格　日主身弱

正官　壬辰　自刑
印綬　甲辰　自刑　木令の生まれ
日主　丁亥　自刑
偏財　辛亥　自刑

この命式は、月が日主を生じていますが、日主丁火が引火していません。さらに時干の偏財があって月上に当令する印綬がありながら、この通変星は印綬格に成局していません。そして年月は、壬甲の浮木となって印綬を妨害しています。ゆえにこの年月の浮木は、官印の関係で構成されていますから、地位や仕事が漂流する、つまり正職に就けなかったり、自分の人生のテーマが常に二転三転したりする人になります。

六一．金頼土生，土厚而終遭埋没。

金は土に頼って生じるが、土厚く而して終に埋没に遭う。（土多埋金）

金は土に頼って生じますが、あまりに土が厚いと最後は埋没してしまいます。

例を挙げておきます。

【例】　倒冲格

比肩　辛亥　自刑

偏印　己亥　自刑

日主　辛丑　自刑　辛八日　己十五日

印綬　戊戌　自刑　辛七日　戊十五日

この命式は、倒冲格になりますが、母子家庭に育ち偏印と印綬が重なり土多埋金（どたまいきん）となっています。母親は認知症を患って叔母との関係に確執があり、当人は母親に会えない状態になっています。これは日主の辛金が己土の汚玉になっているために、このような複雑な親子関係になってしまっていると考えられます。

六二・是以五行不可偏枯，務稟中和之氣。更能絶慮忘思，鑑命無差無誤。

是を以って五行の偏枯は不可、中和の氣を稟け務め、更に能く絶慮を忘思し、鑑命は差が無く、誤りが無いであろう。

以上の篇をもって子平八文字を判断し、命式は、五行が偏枯することは不可で、常に中和の気を受けるように務めて、さらにその絶慮（五行の中和の秘訣）を忘れることなくよく配慮すれば、鑑命（鑑定）は、間違うことも誤ることもないでしょう。

「継善篇」は、徐大昇が編集したもので、徐大昇の子平の独特な解釈があり、それを後生の透派の故張明澄先生が透派継善篇の講義録として残しましたが、半分以上が徐大昇の意向に添えない注釈になっています。その重要な過ちは、透派の節気蔵干に問題があり、この蔵干論によって継善篇が説く子平推命を解読することが不可能であることと、天干のみの究明は、完成していても地支の究明がまったくなされていなかったと言えます。

結局、徐大昇の子平推命は、財官が天干に昇ったときに構成される命式と、財官が天干に昇らなくても財官を抑え切れる両極端の命式において、貴賤を論じた子平推命であると考えられます。つまり財官を抑え切れれば、その双方の命式は、財官を手にすることができるからです。しかしそれを失う運勢も同時にはっきりと来てしまいます。

滴天髄派の透派の子平は、天干を主体に財官のありようを究明しようと理論を整備したがゆえに、喜神、忌神、閑神の三つの区別を行いましたが、これは天干主体のみにこだわった見方で、ある意味偏った見解と言わざるを得ません。なぜなら人の運命とは不可思議で、予想外のことが当然のように起こり、解釈不可能なことが多々ありますので、それを一視点からの考察だけですますのは、普遍的な見方とは言えないでしょう。

徐大昇の子平推命は、そんな狭い見解で運命を見通そうとはしていませんでした。透派の審事では、まず五行の強弱を求め何干何支という天干を先にして五行の強弱を天干の命式の上部から求めようとしますが、徐大昇の子平は地支所蔵のものが天干に昇ったものの通変星の日数の浅深から命式の強弱を求めようとしています。つまり同じ子平推命でありながら、命式を観察する方法の視点がまったく逆、と言うよりも徐大昇の子平は、天干に昇ったものと天干に昇っていない二者の命式の解釈方法を発見したと言えます。

しかし『滴天髄』は、この一つの天干から求める子平しか伝承していません。いや徐大昇の原典が秘匿されて情報操作によってある一部分の子平の理論を追究していった結果、傍流の子平となったか、または子平の本質が理解できないまま、通り一遍の子平になってしまったのではないかと推測されます。

これから子平を学ぼうとする方々は、どのような子平を学ぼうと自由ですが、実りある子平の学習を行っていただきたいと切に願います。

看命入式を読み解く

徐大昇は、「看命入式」の中で主要な通変星の意味を一つ一つ丁寧に定義しています。特に注目に値するのは、財官についてどのように著していたのかです。

まず徐大昇は、天干に正気の財官を求め、次に雑気の財官を求めます。そしてその双方の財官が命式になければ、地支の財官つまり、天乙貴人と十干禄を求めていきます。

ここで論じられている通変星と準格局の順番は、貴命を求める順番といっても過言ではないでしょう。

なお、徐大昇の原著の真意を伝えるために、香港の先生の方々に原著に注釈（【眉批】）を入れていただきましたが、本書では紙数の関係も含めて、翻訳の参考程度にとどめ、割愛しています。

◉――正官

正官

甲見辛之類，乃陰見陽官，陽見陰官，陰陽配合成其道也。【眉批】正官，月内有官貴者是也。大抵要行官旺郷，月令是也。月令者，提綱也。看命【注一】先看提綱，方看其餘。既曰正官，固難得復行官旺之郷【注二】，或是有成局，及不傷官之地，並行財旺之郷，皆是作福之處。正官乃貴氣之物，大忌刑衝破害，及於年時干皆有官星隱露【注三】，恐福尠矣。又須看年時上別有是何入格，作福去處，方可斷其吉兇。苟一塗而取執，則不能通變，必有差毫釐謬千里之患【注四】，『經』曰「通變以為神者【注五】」是也。正官或多，反不為福，何以言之？蓋人之命貴得中和之氣，太過與不及皆不可，【眉批】每遇不及曰正尅，太過曰偏黨。故曰太過與不及同，中和之氣為福厚，偏黨之尅為災殃。既用提綱作正官，年時支干位或有一偏官便雑矣，不可不仔細以輕重推測也。

【注一】看命とは、命式を鑑定することで、一般的には審事と言われる五行の強弱、格局、用神、喜忌を求めますが、徐大昇の『通變淵源』では、正気の官星をまず月令の提綱より求めています。ゆえに月支所蔵のものより正気の官星を求めて格局を定めていきます。

【注二】正気の正官は月支が官星になりますから、再び官星の大運は巡ってきません。なぜなら正気の官星は月令を得ているため、月干支より大運を並べていくので、仲支の前後しか大運はやってこないからです。

【注三】『淵海子平』の看命入式の正官は、「…及於年月時皆有官星隠露，恐福渺矣。」と、月と年時の違いを分けてみているにも関わらず誤植のまま伝承してしまったため、官星隠露の意味を理解できません。後の『子平格鮮』では、徐大昇の『通變淵海』の原典がないことをいいことに年上の正官格、時上の正官格を作ってしまい、徐大昇の心意を捻じ曲げてしまっています。

【注四】「若差毫釐必謬，千里往々有八字相同而貧富各異，皆因未説真刻分耳…。」は、清朝・鉄版神数の冒頭で同じ文面を見ることができます。おそらく鉄版神数は、この徐大昇の子平真数をルーツにしていると思われます。鉄版神数は、宋代の邵康節の作とされ、宋代は現代に伝わる術数の研究が盛んに行われ、数々の術の原型が創作されたようです。

【注五】神とは、仙道の説くところの精、気、神の三宝の神を指して、主に人間の精神活動を司りますが、徐大昇は、人間の精神活動を表すものを通変によって説明しようとしています。まさに正官は、精、気、神の内の気の働きを表現しているものと考えられます。そしてその気の分量を中和、不及、偏党（太過）といった区別（五行の強弱）を行っています。

正官は、甲に辛を見る類の命式で、すなわち陰見陽官と陽見陰官の陰陽配合によって、その道を成します。正官は、官旺の郷に行くことを喜び、月令の支中を取ります。月令のものは提綱といいます。看命は、まず提綱を看てからその余りを看ます。すでに正官は、固より官旺の大運に復行することは得難く、あるいは正官の成局があれば、傷官の地に行くことなく、並びに財旺の郷に行けば、皆福を作るところになります。

正官はすなわち貴気の物（男性は身分・地位、女性は夫を指す）で、大きく刑衝破害を忌み、年、時干において皆あれば、官星隠露といって、福が減少します。また年時上に別の正官以外の何かを看て入格すれば、その通変星で禍福と吉凶を断じます。このときあまり拘りすぎると正しい通変星が取れないばかりか、初めはわずかな誤りだったものが、終わりには千里の差となってしまいます。

『経』に曰く「通変は以って神の者と為す」とあります。正官が多いものはかえって福をなしません、思うに人の命の貴さは、中和の気を得ることで、太過も不及も同じく皆不可、ゆえに太過と不及は同じく、中和の気こそが福が厚いとされ、偏党の剋は災殃になります。すでに提綱の用が正官を作れば、年時の支干の位（蔵干）か、あるいは一偏官があれば雑（官殺渾雑）になります。つまり、正官の良い命式や悪い命式は、仔細を以って日主や官星の軽重を推測して、その良し悪しを判断するべきです。

正官は日主が陽干のものは、陰干の正官になり、日主の陰干のものは、日主に干合する正官になります。そのため命式は、同じ正官であっても四柱の天干の干関係はまったく異なった十人十色の正官格が成り立ちます。ゆえに後生の子平は、この干関係の違いが運命の違いであると考えて格局の究明を行いましたが、格局を無視して干関係だけ判断することは大きな間違いを引き起こすことになります。

徐大昇の正気、雑気の正官の本当の意味がわかった上で、四柱の干関係を見ていくことが非常に重要になります。

以下、例をいくつか挙げていきましょう

【例1】真官…雅子皇后さま（看命入式の印綬に真官の定義があります）

正官　癸卯
偏印　甲子　癸
日主　丙戌
偏財　庚寅

大運　己巳　50～59歳　己運50～54歳　巳運55～59歳
流年　己亥　57歳　令和元年（２０１９年）

この命式は、年上に正気の正官が昇っていますから、官星隠露になります。しかし月上に偏印があって真官の条件を満たしています。令和元年己亥年は甲己干合去に会い、正官が日主を抑え成局し、これはまさに徐子平撰の『明通賦』に金紫之封を受けるとあります。大運十年の己巳運も正官が成局しています。

【例２】　女性…官殺渾雑と官星多の命式

偏財　丁丑　（癸八日、辛七日、己十五日）支干の偏官は官殺渾雑になる。
正官　戊申　合（壬戊庚）日主の癸水の申月の正官は退気の官星となる。
日主　癸巳　合（庚戊丙）
正財　丙辰　（乙七日、癸八日、戊十五日）

この命式の女性は、月上に正官の干合が天干に昇っていますが、正気の正官ではなく、定真論では退気の正官に当たります。格局は従殺格になり、年の支干の位に偏官があって、時の支干の位にも正官がありますから、官殺渾雑と正官が多い命式となり、月日の合は巳申の刑に当たり、正官が刑冲破害に逢うという命式になります。

ゆえにこの女性は、自分にとって本来の夫となる条件を満たす男性に問題があり、その人に嫁ぐまでや嫁いだ後に、かなりの試練が待ち構えている命であると言えます。

【例3】偏党の尅は災殃になる命

食神　丁巳
正官　庚戌　土用の月令
日主　乙丑　冲
印綬　癸未　冲

大運　乙卯　41～50歳　乙運41～50歳　卯運51～50歳
流年　庚子　44歳　令和二年（２０２０年）

この命式の女性は、月上に雑気の正官が昇っています。日主に根がなく、正官が日干を剋し、原典でいうところの「偏党の尅は災殃」になっています。さらに日時支が丑未の冲に逢い、丑未は三刑にも当たります。ゆえにこの女性は、夫からのいじめやDVに遭いやすい人で、結婚生活はすでに破局を迎えており、もっと条件の良い人を探すべきです。現在の大運の乙は、月上の庚と妬合し、官星を弱めています。二〇二〇年の庚子は、日主の正官に当たり、日時支の丑未の冲を子は冲開しますから、再婚の最後のチャンスと言えます。

◉――偏官

偏官七煞也。

何謂之偏官者?蓋陽見陽官，陰見陰官，不成配偶，猶如『經』言「二女不能同居，二男不可並處」是也。

偏官，即七煞，要制伏。蓋偏官七煞即小人，小人無知，多兇暴，無忌憚，乃能勞力以養君子。而服役護衛君子者，小人也。惟是不懲不戒，無術以控制之，則不能馴服而為用。故楊子曰【注一】：「御得其道，則天下狙詐咸作使：御失其道，天下之狙詐咸作敵。」小人者，狙詐也。要控御得其道耳。一失控御，小人得權，則禍立見矣。『經』曰：「人有偏官，如抱虎而眠，雖借其威足以懾群畜，稍失關防，必為其噬臍，不可不慮也。如遇三刑俱全【注二】，陽刃在日及時，又有六害【注三】，復遇魁剛相衝，如是人之兇不可具述。制伏得位，運復經行制伏之鄉，此大貴也。苟如前者，兇神俱聚，運遊殺旺之鄉，兇禍有不言可知也。」如有一殺，而制伏有二三，復行制伏之運，反不作福。何以言之?蓋盡法無法，雖猛如狼，不能逞技矣，是又不可專言制伏。要須輕重得所，不可太甚，亦不可不及，須仔細審詳而言，則禍福如影響耳。

【注一】楊子は、『太玄経』の作者で、楊雄のことを指す。
【注二】三刑は、六壬で用いるもので、自刑、無恩の刑、恃勢の刑の三つを称して三刑という。
【注三】六壬の十二支関係で損なう関係ということで六害という。

偏官は七殺ともいいます。

偏官は、陽に陽官を見て、陰に陰官を見る配偶をなさないもので『経』に曰く「二女は同居能わず、二男は並べる所不可」とあります。偏官は即ち七殺で制伏を必要とし、偏官七殺は、小人であり、小人は無知で多くは凶暴、人に憚ることなく、労力をもって君子を養い、君子の服役護衛の者となります。

ただ小人は、不懲不戒であって、これを控制する術はなく、馴服することもなく、用にもならない、ゆえに楊子曰く「其の道を御得するには、則ち天下を狙う詐咸の作使：其の道を御失するには、天下の狙う詐咸作敵となる（小人の者は、狙詐なり。控御して其の道を得るのみ、一失の控御は小人が権力を得れば、たちまちに禍が立見します）」。

また、『経』曰く「人に偏官があり、虎を抱いて眠るような如く、その威足を借りると雖も以って群畜の懾り、梢かに関防を失っても必ずその噬臍と為し、不可不所なり。」とあります。

三刑の倶全や陽刃が日及び時にあり、六害があり、また魁罡の相衝に遇えば、この人は、凶とみなさなければなりません。制伏の得位は、運また制伏の郷を経ていくとしても、大貴になります。「兕神の倶聚は、殺旺の郷の運に遊ぶも、凶禍があってもいわずと知るなり」とあり、また、「一殺が有るが如くは、而して制伏が二、三有り、制伏の運にまた行けば、反って福を作らず、偏官は、剋や制伏が多いと反って福を作らず」とあります。

つまり、「須く輕重の得所、太甚は不可、また不及も不可、須く仔細に審詳而して言う、則ち禍福の影響の如きのみ」となります。

偏官は君子を護る役職に当たる職業に就く人が多いようです。正官が命式に混ざるよりも、偏官がきれいに一局で揃う命式のほうが良いとされ、またあまりに殺が多いと、福をつくらないとしています。猛獣の猛猛しさは、統制できるものではなく、尽くす法はないという扶抑における偏官は、荒々しいものを抑える関係です。偏官が命式にあって、三刑や陽刃の日刃、時刃や六害や魁罡の相冲に逢うことを非常に恐れ、危険な人であるとあります。

◉——正財

正財

何謂之正財?猶如正官之意，是陰見陽財，陽見陰財。大抵正財，吾妻之財也。人之女賚財【注一】以事我，必精神康強，然後可以享用之。如吾身方且自萎懦而不振，雖妻財豊厚，但能目視，終不可一毫受用。故財要得時，不要財多。若財多自家日本有力，可以勝任，當化作官。天元一氣羸弱，貧薄難治，是以樂於身旺，不

要行尅制之郷。尅制者，官鬼也。又懼所生之月令，正吾衰病之地。又四柱無父母以生之，反又見財，謂之財多不喜，力不任財，禍患百出，雖少年經休囚之位，故是不如意，多事頻併。或中年，或末年，復臨父母之郷，或三合【注二】可以助我者，則勃然而興，不可禦也【注三】。倘少年乗旺，老在脱局，不惟窮途悽惶。兼且是非紛起。蓋財者，起争之端也。若或四柱相生，別帯貴格，不値空亡，又行旺位，運三合財生，皆是貴命。其餘福之淺深，皆随入格輕重而言之。財多生官，要須身健。財多盜氣，本自身衰，年運又或傷財，必生奇禍。或然帯刑併七煞來臨，兇不可言也。

【注一】正財は、固定的な財産を表し、吾が妻や父親の財産を表し、日主が身強であるとその財産をうまく流用できますが、日主身弱であると、いくら家に財産があってもその財産に振り回されるだけで何一つも残らないと、徐大昇は述べています。
【注二】三合は、三合会局を表して、財の三合が揃うこと。丙日ならば巳酉丑が財の三合となります。
【注三】不可禦也。禦は、まつる。災いのないように祈ること。

何をこの正財と謂うのか？　なお正官の意の如し、これ陰に陽財を見て、陽に陰の財を見ます。大部分の正財は、吾が妻の財となります。人の女の賚財を以って我の事とし、必ず精神が康強であれば、しかる後これを享用することができます。吾身の如きは、方に自ずと萎懦に而して不振ならば、妻の財が豊厚と雖も、ただ目視に能う、終に一毫も受用不可になります。ゆえに財は得時を要し、財多は不要になります。もし財が多ければ自ずと家の日本（日主と年本）は有力となって、勝つに任かせ、官を化作することに当たります。天元一気の羸弱は、貧薄を治し難く、これは身旺において楽になり、剋制の郷にいくことは不要です。剋制のものは、官鬼になります。また所生の月令を懼れ、正に吾れは、衰病の地にあり、また四柱に父母の生が無ければ、かえって財を見、これを財多不喜と謂い、力は財に任せず、禍患は百出し、少年は休囚の位を経るといえども、ゆえにこれ不如意で、多事が頻併します。あるいは中年、あるいは末年、また父母の郷に臨めば、あるいは三合がよろしく、我を助ける者は、則ち勃然と而して興ること禦るべからずなりとあります。もし少年の乗旺は、老いて脱局にあっても、窮途の悽惶をおもわず、兼ねて且つ是非紛起となります。思うに財の者は、争を起こす端なりとあります。もし四柱相生の別の貴格を帯び、空亡に値せず、また旺位にいけば、運が三合の財生ならば、みなこれ貴命になります。その余福の浅深は、入格の軽重に随ってこれを言います。財多生官は、須く身健を要します。財多の盗気は、本自身が衰え、年運あるいは傷財は、必ず奇禍が生じます。また、然り帯刑、併びに七殺の来臨は、兇と言うべからずなりとあります。

正財は吾が妻の財を表して、その妻の財は父親の財になります。日主が屈強であれば、その財を支配できますが、天元一気の羸弱(るいじゃく)のように天干の根がまったくない命式に財が昇ると身の上に一大事が起きます。日主が身弱で財が昇っている男性は、妻は豊かであるのに自分に一文も使わせてくれません。また、財の三合が来るときの盗気は、非常に強く、大きな災難に遇うとしています。

◉―偏財

偏財

何謂之偏財?蓋陽見陽財，陰見陰財也。猶甲見戊，乙見己，丙見庚，丁見辛，戊見壬，己見癸，庚見甲，辛見乙，壬見丙，癸見丁者是也。然而偏財乃眾人之財【注一】，只恐姉妹兄弟有奪之，則福不全。不有官星，禍患百出。故曰：「偏財好出，亦不懼藏，唯怕有以分奪，反空亡耳。有一，【眉批】有一乃分奪空亡。此於，官將不成，財將不在。」『經』曰「背祿逐馬，守窮途而悽惶。【注二】」。是也。財弱亦待歴旺鄉而榮，財盛無所往而不妙，但恐身勢無力耳。偏財主人慷慨，不甚吝財，惟是得地，不止財豊，亦能官旺。何以言之?蓋財盛自生官矣。但為人有情而多詐，蓋財能利己，亦能招謗。運行旺相，福祿共臻，只恐大旺兄弟，【眉批】運中怕見兄弟。必多破壊，亦不受。財多須看財與我之日干強弱，相等行官鄉便可發祿。若財盛而身弱，運至官鄉，是既被財之盜氣，後被官之尅身，不惟不發祿，亦防禍患。如命四柱中先帯官星，便作好命看。若四柱中兄弟輩出，縱入官鄉，發祿必渺矣，故曰要在識其通變矣。

【注一】偏財は、正財のような固定的な財ではなく、流動的な財を指し、兄弟姉妹の比肩や敗財に逢うと財は破られ、官星が命式にあることで、この比肩敗財を抑え込むことができます。

【注二】『経』に「背禄遂馬は、窮途を守り而して悽惶（せいこう）」という文面がありますが、『珞琭子三命消息賦』より引用されています。このテキストは現在二種類現存しており、二氏と四氏の注釈書があり、後者が徐子平を含めた四氏によって注釈が施されています。

何を偏財と謂うのか？　思うに陽に陽財を見て、陰に陰財を見るもので、なお甲に戊を見る、乙に己を見る、丙に庚を見る、丁に辛を見る、戊に壬を見る、己に癸を見る、庚に甲を見る、辛に乙を見る、壬に丙を見る、癸に丁を見る者がこれになります。然るに偏財はすなわち衆人の財、ただ恐らく姉妹兄弟が有れば、これを奪うので、福は不全となります。官星がないと禍患は百出します（ゆえに偏財は官星と組んだほうが良い。つまり、雑気財官格が良いのはそこにあります）。故に曰く：「偏財好出、また蔵することを懼れず、ただ分奪を怕れ、反って空亡を怕れるのみ。一有りて此れに於いて、官が将に不成、財が将に不在。」

『経』曰く「背禄遂馬は、窮途を守り而して悽惶これなりとあります。財が弱ければまた歴が旺郷の栄えを待ち、財が盛ることの無き所は、往くに不妙、ただし身勢の無力を恐れるのみとあります。偏財は、人の慷（こう）慨（がい）を主り、吝財が甚だしからず、ただこの得地は、財豊が止まず、また官旺に能うのがよろしく、何をもってこれを言うのか？　思うに財が盛ると自ずと官を生じます。ただし人は、有情にして詐りが多く、思うに財は利己に能うので、亦能く謗（そしり）を招きます。運行の旺相は、福禄が共に臻（いた）り、ただ恐れることは、大旺の兄弟は、必ず多くは破壊し、亦、受けられず（助けを受けられない）。財が多ければ、須く財と我の日干の強弱を看て、相等で官郷に行けばすなわち発禄します。もし財が盛って日主の身弱は、運が官郷に至れば、これ既に財の盗気を被り、のち官の剋身を被り、不発禄、また禍患を防ぎなさいとあります。命の四柱の中に先に官星を帯びれば、すなわち好命を作ると看ます。もし四柱中に兄弟が輩出し、たとえ官郷に入るも、発禄は必ず少なく、ゆえにその通変のありようを識ることにあります。

偏財の従財格の男性は、婿になることで、子供が生まれると、その妻の父親の財産、つまり偏財を得ることができます。子供は官星を表しますから、男性が結婚することで社会的な地位と財産の二つを得ることができるようです。

◉――雑気

雑氣中辰戌丑未之月也。

雑氣者，蓋謂辰戌丑未之位也。辰中有乙癸戊字，戌中有辛丁戊字，丑中有癸辛己字，未中有丁乙己字。此四者，天地不正氣也，須看六甲何如以論之。假如日干是甲而得丑月，貴既在中，辛則正官，癸為之印綬，己則為正財，不知用何為福，要在四柱中看透出是何字，随其所出而言其吉兇。有如前説法，但庫中物皆閉藏，須待有以開其扃鑰，方言發祿。所謂開扃鑰者何物也?乃刑衝破害耳。且四柱元有刑衝破害，復行此等運氣，則刑衝破害多反傷其福。大抵雑氣要財多，便是貴命。若年時別入他格，當以他格例斷之。蓋此乃天地之雑，不能純一，故少力耳。別格專於時年乃重事，看命須審輕重以取禍福。先論重者，次言輕者，百發百中矣。其他當以類言之。【眉批】其他，乃辰戌丑未之類，亦以丑月之論推言之。

雑気は、辰戌丑未の月にあたります。

雑気は、すなわち辰戌丑未月で、辰の中に乙癸戊の字、戌の中に辛丁戊字、丑の中に癸辛己字、未の中に丁乙己字があります。この四者は、天地不正の気で、須らく六甲を看てその如何を以ってこれ論じます。仮に日干がこの甲にして丑月を得れば、貴は既に中にあり、辛はすなわち正官、癸はこれ印綬と為す、己はすなわち正財、用を知らなければ何が福になるのか解りません。要は四柱の中に何の字が透出するかを看て、随ってその所出によってその吉凶を言うべきです。前説の法にあるように、但庫中の物は皆閉蔵しています。須らくその扃鑰（かんぬきとかぎ）で開くものがあることを発禄と言います。所謂、扃鑰を開く者は何物か？　すなわち刑衝破害のみです。かつ四柱の元に刑衝破害があれば、またこれらの運気にいけば、すなわち刑衝破害が多ければ、かえってその福が傷つきます。大部分の雑気は、財多を要し、すなわち貴命になります。もし年時に別に他の格が入れば、他格をもって例断に当たります。思うに雑気は、天地の雑、純一を能わず、ゆえに少力です。別格は専ら時年が重事で、看命は須らく軽重を審らかにして禍福を取ります。先に重者を論じ、次に軽者を言えば、百発百中になります。その他の甲日の丑月以外の雑気の月は以上の言を類いにして推測しましょう。

雑気の財官格は、地支に刑冲破害が来ることで土支の墓庫を突き動かし、開く作用があります。つまりその人が財官の表す地位や財産をつかむには、運勢がその庫を開くことを待たなければなりません。ゆえにその閉じた墓庫に一番有効なのは、冲合によって突き動かすことです。すでに命式の墓庫が冲によって庫が閉じているところに、再び冲刑破害が来ることを非常に恐れ、せっかくの幸福が壊れると見ています。またそこに眠る財宝も二重の冲によって破壊され、跡形もなく消え去ってしまうとしています。

また、正気法の格局を求める優先順位において、徐大昇の格局の取用法は非常にシステマチテックです。

徐大昇は、格局を求める部位として、

一は月干、

二は時干、

三は年干、

の順番で、格局の比重が決まるとしています。

月干は、正気法の五格から取っていき、月干よりも時干から看た優先順位の高い五格は、月干ではなく時干を取り、月干にも時干にも五格がなければ、年干を格局に取ります。

蔵干も正気、雑気、それ以外の干神の順位です。通変は、正官、偏官、正財、偏財、印綬、食傷、禄刃の順位となります。

つまり、

一、月干の正気の正官　一、正官格

二、月干の雑気の正官　二、雑気財官格（財旺生官になる）

三、月干の正気の偏官　三、月上偏官格

四、月干の雑気の偏官　以下の格局よりも　四、時上偏財格、五、時上偏官格のほうが上位であると徐大昇は定義している。

五、干の正気の正財（正気の財星と官星が組んだ財官長生）

六、月干の雑気の正財

七、月干の正気の偏財

八、月干の雑気の偏財

◉——日貴

日貴天乙貴人有四日。
日貴者何？即甲戌庚牛羊之類，止有四日，丁酉，丁亥，癸巳，癸卯耳。最怕刑衝破害，經云「崇為寶也，奇為貴也」，所以貴人怕三刑六害也。貴神要聚於日，運行怕空亡，及運行太歲嘉會，不要魁剛，主人純粋有仁徳有姿色不敖物，或犯前刑則貧賤。刑衝太甚，貴人生怒，反成其禍，不可不察。日貴有時法類同，須分晝夜貴。日要日貴，夜要夜貴矣。

日貴は、天乙貴人の四日があります。
日貴の者とは何か？　すなわち甲戌庚牛未の類いで、四日を止めてあり、丁酉、丁亥、癸巳、癸卯のみです。最も刑衝破害を怕れ、経に云う「崇は寶と為す也，奇は貴と為す也。」、ゆえに貴人は、三刑六害を怕れます。貴神は日において聚ることを要し、運行は空亡を怕れ、及び運行は太歳に会うことを嘉び、魁剛は不要で、人の純粋を主り、仁徳があり、姿色は不敖物のようなところはなく、あるいはその前の刑を犯せば、すなわち貧賤となります。刑衝が太く甚だしければ、貴人は怒りを生じ、かえってその禍いをなすと察すべきです。日貴に時の法があるが同じ類いであり、須く昼夜の貴を分けます。日は日貴を要し、夜は夜貴を要します。

日貴　丁酉、丁亥、癸巳、癸卯の四日
時貴　丙、辛日で、丁酉時の命式　夜貴人
　　　　庚、乙日で、丁亥時の命式　夜貴人

丙、辛日で、癸巳時の命式　昼貴人
壬、丁日で、癸巳時の命式　昼貴人

天乙貴人の昼夜は以下のとおりです。

日主	甲	乙	丙	丁	戊	己	庚	辛	壬	癸
夜貴人	丑	子	亥	酉	未	申	未	午	巳	卯
昼貴人	未	申	酉	亥	丑	子	丑	寅	卯	巳

甲日の丑支は、癸の正印、辛の正官、己の正財が所蔵の者となります。
甲日の巳支は、丁の傷官、乙の陽刃、己の正財が所蔵の者となります。
乙日の子支は、癸の正印が所蔵の者となります。
乙日の申支は、庚の正官、壬の正印の所蔵の者となります。
丙日の亥支は、壬の偏官、甲の偏印が所蔵の者となります。
丙日の酉支は、辛の正財が所蔵の者となります。
丁日の酉支は、辛の偏財が所蔵の者となります。
丁日の亥支は、壬の正官、甲の正印が所蔵の者となります。
戊日の未支は、乙の正官、丁の正印、己の陽刃が所蔵の者となります。
戊日の丑支は、癸の正財、辛の傷官、己の陽刃が所蔵の者となります。
己日の申支は、壬の正財、庚の傷官が所蔵の者となります。

己日の子支は、癸の偏財が所蔵の者となります。

庚日の未支は、丁の正官、乙の正財、己の正印が所蔵の者となります。

庚日の丑支は、己の正印、癸の傷官、辛の陽刃が所蔵の者となります。

辛日の午支は、丁の偏官、己の偏印が所蔵の者となります。

壬日の巳支は、戊が偏官、丙が偏財、庚の正印が所蔵の者となります。

壬日の卯支は、乙の傷官が所蔵の者となります。

癸日の卯支は、乙の食神が所蔵の者となります。

癸日の巳支は、戊が正官、庚が正印、丙は正財が所蔵の者となります。


注意点は、辰戌は魁剛で貴人が臨まないことです。

日貴は、天乙貴人が日支に来る命式で、丁酉、丁亥、癸巳、癸卯の四日で最も刑冲破害をおそれます。

『珞琭子三命消息賦』に「崇は寶と為す也，貴は奇と為す也。」とあります。日貴は、純粋で、仁徳があり、容姿もまったく傲慢なところがありません。

◉――拱禄・拱貴

拱禄　拱貴
所謂拱貴者
甲寅日見甲子時辛，丙戌日見丙申時辛。
戊申日見戊午時乙，乙未日見乙酉時庚。
拱祿，拱貴同，所謂祿者

丁巳日見丁未時，己未日見己巳時
癸丑日見癸亥時，癸亥日見癸丑時
戊辰日見戊午時
所拱之地惟怕一位空亡，則拱不住矣。用年日時上干以拱之，運行貴邊乃是發祿之位，運行會合亦是亨通，大怕刑衝破害。所拱之位又嫌實卻虚位，有一如此，禍不旋踵【注一】。更帯陽刃七煞，兇不可言。必為人聰俊多能，蓋由秀氣而發，方免少兇多吉，一有觸之，由如前説矣。

【注一】不旋踵とは、踵をかえす間もないということで、時を移さないこと。

所謂、拱貴の者は、
甲寅日の甲子時に辛を見て、丙戌日の丙申時に辛を見る。

戊申日戊午時に乙を見て、乙未日の乙酉時に庚を見る。

拱禄、拱貴は、同じく所謂、禄の者は、
丁巳日の丁未時に見て、己未日の己巳時に見る。

癸丑日の癸亥時に見て、癸亥日の癸丑時に見る。

戊辰日の戊午時に見る。

拱の地の所は、ただ一位の空亡を怕れ、すなわち拱が住まないとしています。用の年日時上の干を以ってこれを拱し、貴辺の運行は、すなわち発禄の位になり、運行の会合もまた亨通し、刑衝破害を大きく怕れます。拱の位のところもまた実を嫌ってかえって虚の位は、一つあれば、禍が不旋踵となります。さらに陽刃七殺を帯びれば、凶と言うべきではないが、必ず人は、聡俊多能となし、思うに秀気に由って発し、方免され、少兇多吉となり、一つがあってこれに觸れば、前説（日貴のこと）に由る如しとあります。

拱禄・拱貴は、年日や日時に貴と禄、つまり、天乙貴人と十干禄を挟む命式、運勢で、その貴や禄が来た時に発禄するとしています。性格は、聡明多能で、秀気によって出世し、凶が少なく、吉が多い人生となります。

◉金神

金神

金神者，止有三時，癸酉，辛巳，乙丑。金神乃破敗之神，要制伏，入火郷為勝。如四柱中更帯七煞陽刃，真貴人也。大抵威猛者，以強暴為能威，苟不専人得以悔，故必狼暴如虎動，群獸既攝，威徳行矣。然太剛必折，不有以制之，則寛猛不濟，何以上履中和之道。故曰：有剛者馴伏調致其和，福祿踵至。雖然其人有剛斷明敏之才，堀強不可馴伏之志，運至火郷，四柱有火局，便為貴命。懼水郷，則為禍矣。

金神の者は、癸酉、己巳、乙丑の三つの時にとどめて有り、金神は破敗の神で、制伏を必要とし、火郷に入ると勝ちとなります。四柱中にさらに七殺、陽刃を帯びれば、真の貴人となります。威猛の大部分の者は、強暴の威に能い、苟しくも不専、人を得ても以って侮り、ゆえに必ず狼暴の如く虎が動くことで、群獣はおそれて威徳が行われます。然るに太剛は必ず折れ、これを制するものは不有、すなわち寛猛不濟で、何を以って上履を中和の道とするのか？　故に曰く：有剛の者は馴伏調致によって、その和は福禄踵至になります。然りと雖もその人、剛断明敏の才があり、堀強は不可で馴伏の志となりますが、運が火郷に至り、四柱に火局があれば、すなわち貴命となり、水郷を懼れ、すなわち禍いとなります。

例を二つ挙げておきます。

【例1】 金神の命式

比肩　甲寅
七殺　庚午
日主　甲申
陽刃　乙丑　金神

この命式は、元大リーガーである松井秀喜さんのものですが、まさに金神の吉局を成し、大運も癸酉の金神の大運で成功をつかみ、水局の大運に向かって引退されております。

【例2】 筆者の命式

食神　辛丑
偏印　丁酉
日主　己巳
七殺　乙丑　金神

筆者の命式も日主の己と時の乙丑にあって巳酉丑の三合金局があります。日主身弱ゆえに金が忌神といえども、官星を抑えるので、吉凶が渾雑しています。金神と見た場合は、火郷が喜神になります。この時柱にある金神を『續集星命総括新集』で見ると、乙丑は印貴という吉局になっています。

◉——日刃・陽刃

日刃　陽刃在日曰日刃，在時曰陽刃，喜身旺，喜制尅，要刑害。

日刃，陽刃同。【眉批】陽干有刃，陰干無刃。日刃有戊午，丙午，壬子日也，與陽刃同法，不喜刑衝破害，不喜會合，兼愛七殺，要行官鄉便為貴命。若四柱中一來會合，必主奇禍。其人主眼大鬚長，性剛果毅，無憶隠恵慈之心，有刻剥不恤之意【注一】。三刑，自刑，魁剛全，發跡於彊場。如或無情或臨財旺，則主其兇。或有救神，要先審察。如刑害倶全，類皆得地，貴不可言勝者，安得不挙也。獨陽刃以時言之，四柱中不要入財鄉，怕衝陽刃。且如戊日刃在午，壬刃在子，忌行午正財運。忌行子正財運。庚刃在酉，忌行卯正財運。甲日刃在卯，行巳午並辰戌丑未財運不妨，忌酉運。丙日刃在午，行申酉庚辛刃不妨，忌子運。大抵陽刃要身旺，喜有物以去之。『經』曰：「人有鬼人，物有鬼物。逢之為災，去之為福。」且如葛參政【莊圓按】即葛洪。命，壬申，壬子，戊午，乙卯，戊日刃在午，喜得乙卯時正官星，制伏去了，為福矣。

【注一】刻剥不恤（こくはくふじゅつ）とは、人を虐げそこなっても憂いがない。また、きびしく残酷なこと。

日刃　陽刃　日にあれば曰く日刃、時にあれば曰く陽刃、身旺を喜び、制剋を喜び、刑害を要す。

日刃と陽刃は同じ。【註】陽干に有刃が有り、陰干に刃は無い。

日刃は、戊午、丙午、壬子日、陽刃と同法で、刑衝破害を喜ばず、会合を喜ばず、兼ねて七殺を愛し、官郷に行けば、すなわち貴命となします。もし四柱中に一来の会合ならば、必ず奇禍となります。その人は、眼大鬚長、性剛果毅、無憶で恵慈の心を隠し、刻剥不恤の意があります。三刑、自刑、魁剛の全は、発する跡は彊場においてです。無情かあるいは財位の旺に臨めば、すなわちその兇を主り、あるいは救神があるかどうかは、先に審察すべきです。刑害倶全の如きは、類い皆な得地は、貴ではなく、言が勝る者は、安得不挙となります。一つの陽刃は、時を言い、四柱中に財郷に入るのは不要であり、陽刃は、衝を怕れます。そして、戊日の刃は午にあり、子の正財運にいくのを忌みます。壬日の刃は子にあり、午の正財運に行くのを忌みます。庚日の刃は酉にあり、卯運の正財の運にいくのを忌みます。甲日の刃は卯にあり、巳午並びに辰戌丑未の財運にいくのは妨げなく、酉運を忌みます。丙日の刃は午にあり、申酉庚辛は、刃は妨げなく、子運を忌みます。大抵陽刃は、身旺を要し、有物で以ってこれを去ることを喜びます。『経』に曰く：「人に鬼人が有り、物に鬼物が有る。これに逢えば災いと為し、これが去れば福と為す。」

そして且、葛参政のように。【荘圓按】即ち葛洪（神仙導養之術を好む人物で、著書に『抱朴子』『神仙傳』『金匱薬方』などがある）。

葛洪の命は、

偏財　壬申

偏財　壬子

日主　戊午　日刃

正官　乙卯

戊日の刃が午にあり、乙卯時の正官星を喜得し、制伏が去了し、福となします。

日刃と陽刃は同じく、月支ならば月刃、日ならば日刃、時ならば陽刃、陽に陰があえば陽刃、陰に陽があえば敗財となります。ゆえに陽刃は、偏官七殺の制伏を愛するとしています。陽刃は、眼が大きく、髭は長く、性格は毅殺で、「無憶隠恵慈之心，有刻剥不恤之。」としています。活躍するところは彊場（現代では競技の場）となります。

比肩は、原典の『通變淵源』の「看命入式」に説明はないものの、劫財とは違った十干禄の意味合いが強く、健全な意味合いの月支は建禄格、日は日禄、時は帰禄格に入ります。

◉——印綬

所謂印生者，即印綬也。『經』曰：「有官無印，即非真官；有印無官，反成其福。」何以言之？大抵人生得物以相助，【眉批】物，印綬也。相生，相養，使我得萬物之見成，豈不妙乎？故主人多智慮兼豐厚。蓋印綬畏其財，主人括囊，故四柱中及運行官鬼反成其福，蓋官鬼能生我，只畏其財，而財能反傷我。此印綬之妙者，多是受父母之蔭，父母之財，見成安享之人。若人以兩三命相並，當以印綬多者為上。又主一生少病，能飲食。或若財多乗旺，必多淹留。雖喜官鬼，而官鬼多或入格，又不可專以印綬言之。假如甲乙日得亥子月生，丙丁日得寅卯月生，戊己日得巳午月生，庚辛日得辰戌丑未月生，壬癸日得申酉月生者是也，其餘以類言之。最怕行印綬死絶運，或運臨死絶，復有物以竊之，【眉批】竊，洩氣也。即入黃泉，無可疑也。

印綬は、我を生じる者が印綬になります。『經』に曰く：「有官無印は真官にあらず、印が有って官が無ければ、反って福を成す」。何を以ってこれを言うのか？　人生は物を得てそれによって相助け、相生じ、相養い、我を使い、万物を得ることによって見成します。どうして不妙ならざるや？（印綬は精妙［精明］な人になる）ゆえに印綬は、人として智慮が多く、兼ねて、豊厚であることを主り、印綬は財を畏れ、人の括囊（沈黙）を主り、印綬は財を畏れ、ゆえに官鬼の運にいって、かえってその福を発します。官鬼は能く我の印綬を生じ、ただその財を畏れ、財は能くかえって我を傷つける、これ印綬の妙の者で、多くは父母の蔭を受け、父母の財を見れば安享の人をなします。もし人命に、両、三の印綬が相並べば、印綬が多いほど上の命式になります。また一生少病で、飲食を能くし、あるいは財多乗旺ならば、必ず淹留が多くなります。官鬼を喜ぶといえども、官鬼が多くあるいは官鬼が入格すれば不可で、これを印綬とは言いません。例えば、仮に甲乙日を得て亥子月に生まれ、丙丁日を得て寅卯月に生まれ、戊己日を得て巳午月に生まれ、庚辛日を得て辰戌丑未月に生まれ、壬癸日を得て申酉月に生まれる者であれば、この余りはこの類をもって印綬と言います。最も怕れるのは、印綬が死絶の運にいくかあるいは死絶の運に臨むことで、復物があってこれを内から盗む（【眉批】竊（せつ），洩氣也。）、すなわち黄泉（あの世、死期）に入ること疑いなしとあります。

真官というのは、官星と印綬が組んだとき始めて成り立つ命式で、官印相生とも言います。つまり単独の印綬があるよりも良い命式になり、食傷と組むと食傷佩印、財と組むと財印交差になります。ゆえに印綬は単独であるよりも複数の印綬があったほうが良い命式になります。

例を挙げておきます。

【例】　印綬が年月に二つある命式

偏印　戊申
正印　己未　己　土用の正気の印綬
日主　庚子
陽刃　辛巳

この命式は、印綬格に入格しますが、父母の財産を得ることができました。飲食を能くして、知慮が多く、印綬を主るまさに括嚢を絵に描いたような方です。

◉——傷官

傷官者，其験如神。傷官務要傷盡【注一】，傷之不盡，官來乘旺，其禍不可勝言。傷官見官，為禍百端。倘月令在傷官之位，及四柱次合作合，皆在傷官處，又行身旺郷，真貴人也。傷官主人多才藝，傲物氣高，常以天下之人不如己，而貴人亦憚之，人亦悪之。運一逢官禍不可言。或有吉神可解，必生悪疾以残其軀，不然連遭官事。如運行剥官，財神不旺，皆是安享之人。仔細消詳，萬無失一也。

【注一】傷官傷尽とは、傷官を傷尽する、つまり傷官を抑え切ること。この反対の傷官不尽は、傷官を抑え切れないので、禍が身に及ぶ。男性は訴訟に遇い、女性は男性関係で大きな災難が飛来します。

傷官は、その験が神の如しです。傷官は務めて傷尽を要し（傷官傷尽）、この傷が尽きなければ（傷官不尽）、官の乗旺が来るとその禍は言うに勝ります（言葉で言い表せないほどの禍いに遭う）。傷官見官は、禍が百端となすとしています。もし月令に傷官の位があり、また四柱の次に合作合となれば（月令が傷官で天干に昇ること）、皆傷官の位にあり、また身旺の郷にいけば、真の貴人になります。傷官は、人の才芸の多きを主り、傲物気高（ごうぶつけだか）で、常に天下の人は己に如かず、貴人もまたこれを憚れば、人はまたこれを悪むとあります。運が一つの官に逢えば、禍と言うべきではありません。あるいは吉神（財星）がありて官星の悪さを解けば、必ず悪疾が生じその身に残り、そうでなければ、官事は連なって遭うようになります。運が剥官にいくような財神不旺は、皆これ安享の人となります。仔細に消詳すれば、万に一を失うことはないでしょう。

傷官の人は、非常に才能に恵まれますが、その才能がかえって仇となって人の嫉妬心を買ってしまうようです。傷官格の女性は財が来た運は非常に良好ですが、傷官見官の人は、確かに財の運勢はよいのですが、それが過ぎ去った後にゴタゴタが生じてきます。つまり元命に傷官見官がある人はトラブルメーカーとなり、その禍は休まる暇もないようです。

食神は、原典の『通變淵源』の「看命入式」に説明はないものの、「喜忌篇」の中で食神の名称がわずかに紹介されていて、基本的には傷官の判断に統合されると考えられます。『新續集星命総括新集』では、食神貴と定義されて、陽食神と陰食神の男女別の順逆の食神があって、それによって食神の吉凶を論じています。

◉—日徳

日徳只要身旺，不要財官。

日徳有五，甲寅，戊辰，丙辰，庚辰，壬戌日是也。其福要多而忌刑衝破害，悪官星，憎財旺加臨會合，懼空亡而忌魁剛。【眉批】忌魁剛之運，流年大運會合。此数者乃格之大忌也。大抵日徳主人性格慈善。日徳居多，福必豊厚。運行身旺，大是奇絶。若有財官加臨，別尋他格，正能免非横之禍。【眉批】非里横來之禍。若旺氣已衰，來至魁剛，其死必矣。或未發福，運至魁剛，體格既好如生禍患，【眉批】如，疑必字。一脱於此，必能再發，終身力微，不可不知也。

日徳はただ見旺が良くて、財官が不要です。

日徳には五つあり、それは甲寅、戊辰、丙辰、庚辰、壬戌日である。福要が多く、刑衝破害を忌み、悪官星と財旺が加え臨む会合を憎み、空亡と魁剛を懼れます。この数の者すなわち格の大忌なり、とあります。日徳は人として、性格慈善であり、日徳の居が多ければ、福必ず豊厚です。運行の身旺は、大きくこれ奇絶となります。財官を加え臨めば、他格を尋ね、まさに非横の禍に免れます。もし旺気が已に衰えて、魁剛が至り来れば、必ず死すか、あるいは未だ福が発せず、運が魁剛に至れば、体格がすでに好くても禍患が生じるとしています。一脱（一瞬回復）したとしても必ず再発し、終身微力となるので好ましくないのを知るべきです。

◉──魁剛

魁剛只身旺，不要財官。

魁剛者四，壬辰，庚戌，庚辰，戊戌日是也。如日位加臨者衆，必是福人。運行身旺，發福百端。一見財官，禍患立至。主人性格聡明，文章振發，臨事有断，惟是好殺。若四柱有財及官，或帯刑殺，禍不可測。尚日獨處，衝者太衆，必是小人，刑貴不離，窮必徹骨。運臨財官旺處，亦防奇禍。

魁剛はただ身旺が良くて財官が不要です。

魁剛は四つあり、壬辰、庚戌、庚辰、戊戌日になります。日位に魁剛が衆く臨む者は必ず福人になり、運行身旺は、発福百端となって、財官が一見すれば患いが立至します。性格は聡明で文章振発、臨時に決断力がありますが、剛直で好殺（人を殺すのを何とも思わない）です。もし四柱に財や官があって、刑殺を帯びれば、不測の災いがあります。もし日に一つか、冲が衆い人は、必ず小人で、刑責から離れず、窮まれば必ず徹骨（てっこつ）（深刻が窮まる喩え）になります。運が財官の旺處に臨めば、奇禍を防ぎなさいとあります。

魁剛の人は天乙貴人が臨まないので、自力で無理してでも成功を勝ち取ろうと努力しますが、その努力が実らない傾向があるようです。

例を挙げておきます。

【例】　魁剛の命式　亦防奇禍の例

丙午
壬辰　冲　魁剛
戊戌　冲　魁剛
乙卯　合

この命式は内格の身弱で、魁剛が二つありますが、辰戌の冲が卯の合に逢って開冲しています。命式に財官が多く、丁酉の大運のときに、自分の日柱と同じ戊戌の魁剛の歳に亡くなりました。丁壬の合は木に変化干合して、さらに官星の殺気を強めています。使用した子平方位も甲寅で、命式の財官を強めてしまったと推測されます。

◉──時墓

時墓之論，謂財官之墓，時臨之也，要刑衝破害以開扃鑰，其人必難發于少年。經曰：少年不發墓中人是也。怕有物以壓之，如丁用壬辰為官庫，別有戊辰之類制之，則丁不能官矣，如此難作好命。必得有物以破其戊，難得發福已淺。經曰：鬼入墓中，危疑者甚，若觸類而長，財亦如之。此是秘言【注一】，不可輕洩之。

【注一】これは官星が殺気に変わるものが時支にあることを恐れ、財もまた盗気になる命式を指しています。つまり、土支は土用にあれば、当令して官や財が異常に強くなり、財官を忌む命式にとっては危険をもたらすと考えられます。

時墓の論、財官の墓を謂い、時にこれが臨み、刑衝破害を以って扃鑰（かんぬきとかぎ）で開く、その人必ず少年において発し難く、経に曰く、「少年不発の墓中の人これなり」とあります。有物はこれを圧することをおそれ、丁は壬辰を用いて官庫となすが如し、別に戊辰の類があれば、これを制し、すなわち丁は官に能わず、好命を作るのは難しい。必ず得るが、有物はその戊によって破りを得て、発福は得難く、すでに浅し、経典に曰く、「鬼が墓中に入れば、危疑の者甚だしく、類に従っておし及ぼし、財もまた此の如し、このこと秘言、これを軽くして洩らすべからず。」とあります。

例を挙げておきます。

【例】原典の実例

丙戌
壬辰　官庫
丁〇
〇〇

丁日に壬辰の魁罡に逢うと地支の辰に癸八日が天干の壬に昇り、戊戌の魁罡に逢うと官星が剋冲にあって圧されて好命になりません。いわゆる庫が冲に逢うことは非常に悪くなります。

次に時墓の例を三つほど挙げておきます。

【例1】

甲日乙丑、辛未、戊辰、甲戌時。丑戌が鬼墓、以下財墓
乙日丁丑、癸未、庚辰、丙戌時。丑戌が鬼墓、以下財墓
丙日己丑、乙未、壬辰、戊戌時。丑辰が鬼墓、丑戌が財墓
丁日辛丑、丁未、甲辰、庚戌時。丑辰が鬼墓、丑戌が財墓
戊日癸丑、己未、丙辰、壬戌時。未辰が鬼墓
己日乙丑、辛未、戊辰、甲戌時。未辰が鬼墓
庚日丁丑、癸未、庚辰、丙戌時。未辰が財墓、未戌が鬼墓
辛日己丑、乙未、壬辰、戊戌時。未辰が財墓、未戌が鬼墓
壬日辛丑、丁未、甲辰、庚戌時。未戌が財墓、以下鬼墓
癸日癸丑、己未、丙辰、壬戌時。未戌が財墓、以下鬼墓

【例2】

偏財　庚午 冲去
食神　戊子 冲去
日主　丙午 冲去
食神　戊戌 時墓　辛七日

例2の命式は女性のものです。彼女は、日本で生まれてすぐに家族がアメリカに移住し、現在日本でカフェを経営しています。時支には偏財が入墓し、年干の庚に昇って月の食神を生じていて、時墓格が成局して

います。

【例３】

偏官　辛丑　冲去
比肩　乙未　冲去　己
日主　乙丑　冲去
比肩　乙酉

この命式は筆者の従姉妹のものですが、イギリスに嫁ぎ、現在日本でペンションを経営しています。前例の女性と命式が似ており、丑未丑は財庫となって冲開の局鑰が必要です。

◉――看命入式の準格局の取り方

日貴　丁酉、丁亥、癸巳、癸卯日。

時貴　丙、辛日で、丁酉時の命式　夜貴人
庚、乙日で、丁亥時の命式　夜貴人
丙、辛日で、癸巳時の命式　昼貴人
丁、壬日で、癸卯時の命式　昼貴人

金神　甲、己日で、乙丑時の命式

日刃

甲、己日で、己巳時の命式
甲、己日で、癸酉時の命式
戊午、丙午、壬子日。

日徳

甲寅、戊辰、丙辰、庚辰、壬戌日。

魁剛

壬辰日
庚戌日
庚辰日
戊戌日

時墓

甲日乙丑、辛未、戊辰、甲戌時。丑戌が鬼墓、以下財の墓
乙日丁丑、癸未、庚辰、丙戌時。丑戌が鬼墓、以下財の墓
丙日己丑、乙未、壬辰、戊戌時。丑辰が鬼墓
丁日辛丑、丁未、甲辰、庚戌時。丑辰が鬼墓
戊日癸丑、己未、丙辰、壬戌時。未辰が鬼墓
己日乙丑、辛未、戊辰、甲戌時。未辰が鬼墓
庚日丁丑、癸未、庚辰、丙戌時。未辰が財墓、未戌が鬼墓
辛日己丑、乙未、壬辰、戊戌時。未辰が財墓、未戌が鬼墓

壬日辛丑、丁未、甲辰、庚戌時。未戌が財墓、以下鬼墓
癸日癸丑、己未、丙辰、壬戌時。未戌が財墓、以下鬼墓

六十甲子図

六十干支										空亡
甲子	乙丑	丙寅	丁卯	戊辰	己巳	庚午	辛未	壬申	癸酉	戌亥
甲戌	乙亥	丙子	丁丑	戊寅	己卯	庚辰	辛巳	壬午	癸未	申酉
甲申	乙酉	丙戌	丁亥	戊子	己丑	庚寅	辛卯	壬辰	癸巳	未午
甲午	乙未	丙申	丁酉	戊戌	己亥	庚子	辛丑	壬寅	癸卯	辰巳
甲辰	乙巳	丙午	丁未	戊申	己酉	庚戌	辛亥	壬子	癸丑	寅卯
甲寅	乙卯	丙辰	丁巳	戊午	己未	庚申	辛酉	壬戌	癸亥	子丑

第5章 命式の判断方法

『定真論』の命式の見方

生日が主と為すもの、行君の令、法運四時、陰陽剛柔の情、内外否泰の道、進退は相傾き、動静が相代り、固亨は、出入の緩急を取り、濟複散斂の巨微を求めます。

以上の文面は、次に挙げる子平における審事を要約して述べていると考えられます。

一. 命式を並べて日主より通変星を求める。
二. 大運を男女別に生月支より並べて、五行の局を求める。
三. 通変星と六十甲子の関係から格局の用神を求める。
四. 天干、地支、蔵干より格局を求める。
五. 格局が正気か、雑気か、格局の進退、つまり、進気か退気などを求める。
六. 格局の有情、無情を論じて、富貴貧賤を定める。
七. 日主の強弱によって財官を好むか、忌むかを区別して財の入失多寡と功命の有無を看ていく。

【註】行君の令…臣が君の命令を行う。

法運四時…大運の四時を表す。

陰陽剛柔…干支の陰陽と剛柔のこと。

内外否泰の道…天元が外、支中所蔵の者が内。財官が命式や行運にあるかを看る。

進退相傾…格局の進退、辛金の正気の正官は丙火で、夏月に生まれれば進、秋月に生まれれば退となる。

動静相代…六十甲子の陰陽の配合を指す。

固亨出入の緩急…固いと通る。日主が強固であって、財官の亨通と行運（出入）を看る。
済複散斂（さいふくさんれん）の巨微…済と複は進退を表し、散斂は、散との巨微の巨は多い、微は寡を表す。ゆえに功名の進退、財の集散、命の貴賤富貴の発覚の多寡を看る。

釈日の法は三要があります。
干は天となり、
支は地となり、
支中所蔵の者が人元となります。
四柱の者を分け、
年は根、
月は苗、
日は花、
時は実、となります。
四柱の中の解釈に、
年は祖上で、世代宗派（先祖代々の）の盛衰の理を知り、
月は父母で、親蔭名利（父母の恩恵や親の七光りを受ける）の有無を知り、
日は己れ自身で、その干によって推しはかり、八字の用神を捜し、格局の内外を区別します。
干弱（日主身弱）は、気旺の籍（日主を強めるもの）を求めて、有余（日主身強）は不足の宮（財官の強さを補強する）を欲します。
干同は、兄弟となり、乙に甲を見るのは兄となり、庚の重きを忌み、甲は乙が弟となり、辛の多くを畏れます。

干剋は、妻財となり、財多干旺は、称意（思いどおりに）となり、干衰（日主身弱）になれば、かえって禍となります。

干と支が同じければ（丙午、壬子の日刃等）、損財傷妻になります。

男は剋干（官星）を取って嗣とし、女は干生（食傷）を取って子とし、存失皆例は、時の分野の落地によって貧賤富貴の区別をします。（※時柱の十二長生で判断する）

『理愚歌』には、「五行の真仮を知る人は少なく、時を知れば須くこれ天機を洩らす」とあります。

世俗は、甲子をもって海中金を作るのは、金が海中にある論を未だ知らず、用を年主とするので、萬億の富貴が相同の者になることを知らなければなりません。

甲子年生れは、すなわち本命となして、忌日の戒めとなります（甲子日を本命の忌日に取る）。

月は兄弟として、火命が酉戌亥子月に生まれれば、兄弟は不得力という断。

日は妻として、空刑剋殺の地に在れば、妻妾を剋すという断。

時は子息として、死絶の郷に臨めば、子が少ないという断。


以上の一片の見方によって鑑定客を前に論断をすることは誤った行為で、それは陰陽の理の致すところであって、人が造物するものではなく、天が行うことだと、古代中国人は考えています。ゆえに傾世の術士（一般の占い師）は、真の理を知らず軽はずみに子平の判断を語ることで俗世を淆乱させてしまっている、と訓戒の意を述べています。

ですから、言によっては伝えられない子平が説かんとする幽微の妙（奥深い洞察力）を当考（考え抜くこと）してから、子平の判断を下さなければならないのです。人の運命を語ることは、非常にシビアであり、柔軟な対応と細心の注意を払う必要があります。

定真論は、萬育吾の「子平説辯」でも論じられているように、李虚中命書でも論じられている六十甲子の納音による判断から、日主を主体にした五行、つまり通変星による判断に変わっていきました。地支に蔵する地支所蔵の学説が、徐大昇以前は明確に表示されておらず、大枠の蔵干は決定できても、明確な蔵干の日数を表示できていませんでした。

ここから想像できるのは、李虚中の『玉井奥訣』の蔵干論が改変され、徐大昇の「地支造化図」にまとめられていったということです。

定真論が言わんとするのは、以下のとおりです。

年干支　根　祖先　世代宗派の盛衰の理
月干支　苗　父母　親蔭名利の有無の類
日干支　花　自身　夫妻の局
時干支　実　子女　子孫の繁栄

財官を用神にして格局の内外を区別する。

干強と干弱によって、つまり日主の強弱によって通変星の喜忌を判断する。

干同の場合は、乙に甲を見ると兄、甲に乙を見ると弟になる。

干剋の場合は、妻財になり、財多干旺と財多干弱の日主の身強と身弱によって妻財の吉凶を論じる。

干支が同じ日刃になる場合は、妻を剋す劫財の損財傷妻になる。

男性の干剋の場合は、嗣子、女性の干生は、子女になる。

時干支の所蔵によって、存失皆例は、時の分野の落地によって判断する。

以上の最終的な判断は、日主の強弱と通変星の部位によって明らかにすることができます。

また、月を兄弟と見た場合、火命の丙丁の日主が酉、戌、亥にあり、子月に生まれると兄弟の助が得られないとする見方、つまり日主の財官に当たる月だけで判断してはならないとしています。

つまり、天干に比劫が月柱に昇るゆえに兄弟を表し、月支に財官があることは、月支の財官が月干の比劫を財によって弱められ、官殺の剋によって弱められて、その結果兄弟の助が得られないという説を立てています。

丁酉月	丁酉月	丙戌月	丙戌月	丙子月	丙子月	丁亥月	丁亥月
丙日	丁日	丙日	丁日	丙日	丁日	丙日	丁日

例を挙げておきます。

【例】

庚戌
丙戌　辛
丁卯
乙巳

この命式の女性は、弟に問題が起きているので、この原文の判断は的中しています。

次に、日支に空刑剋殺がある、日主の空亡が日支にある、日支に刑がある、日主が剋殺に逢うと、妻妾を剋するという説を、例を挙げて説明します。

【例】
丁巳
庚戌　戊
乙丑　冲刑
癸未　冲刑

この命式の女性は、日時が冲に逢いさらに丑未の三刑となっています。そのため夫と離婚し、子供にも恵まれませんでした。ゆえにこの判断は的中しています。

次に、時支に十二運の死絶の地支があれば、子息が少ないという見方を説明します。

甲乙日　死が午　絶が申
丙丁日　死が酉　絶が亥
戊日　死が酉　絶が亥　『子平辯方録』の説は、長生が卯で帝旺が未。

己日　死が卯　絶が巳　『子平辯方録』の説は、長生が酉で帝旺が丑。
庚辛日　死が子　絶が寅
壬癸日　死が卯　絶が巳

例を挙げておきます。

【例】母子

母親　子供
壬子　**癸巳**
戊申　庚　**辛酉**　辛
癸巳　乙巳
辛酉　戊寅

この命式の親子関係は非常に興味深く、母親の日時と子供の年月が互いに交換しています。母親の日主癸と子供の日主乙は食神となって、この母親の子供であること示しています。また子供の命式から見ると、年干の癸が母親を表して、その癸が子供の命式の従殺帯印の凶格であるために、その癸、つまり子供にとって母親の存在は致命的な関係になります。

子供が生まれるかどうかを占うことも大事ですが、生まれた子供と両親の関係を、お互いの八字で看るほうが重要であることがわかります。

『定真論』では、そうした断片のみの情報だけで運命を断定することは、人心を惑わす恐れがあり、慎重な鑑定が必要であるという心構えを示していると思います。

格局の見方

本書では詳しくは触れられませんが、徐大昇の十八格では、通変星が格局になる内格の命式と、通変星とは無関係な名称の外格の格局といったように内外に分けています。

内格は、財官が命式にあり、日主が財官より強い場合は、日主身強と言い、財官よりも日主が弱い場合を日主身弱と言います。内格は、月支の地支造化図の地支所蔵の者が天干に昇った通変星を格局に取ります。

月支の月令は、仲支が正気、季支が雑気、孟支が財官長生になり、財官印綬は、正気と雑気を区別して格局を取ります。月上に昇った格局が一番良く、時や年に昇った通変星は、隠露と言って福が減じるとしています。これによって徐大昇の「定十八格」は、格局を取る順番が決定できたのです。

以下、それを簡単に記しておきます。

正官格
偏官格（七殺とも言う）
正財格（雑気財官格、財官長生）
偏財格
食神格
傷官格

建禄格
月刃格（陽刃格とも言う）
印綬格（雑気印綬格）
偏印格（梟神、倒食とも言う）
の十種の格局は、通変星の正気と雑気と隠露の区別があります。

外格は、天干に財官がないことが条件ですが、財官に根が無い場合、外格になるケースがあります。もし年月に財官があれば、外格ではなく内格に取ります。月支の蔵干が昇っていない場合は、時支、日支、年支の蔵干が月上に昇った通変星を格局に取ります。月上に昇っていない場合で時や年にあるときは、その通変星を格局に取ります。

以下に主な外格を記します。

飛天禄馬格
倒衝格（倒冲格とも言う）
乙己鼠貴格（六乙鼠貴格とも言う）
合禄格
子遥巳格
丑遥巳格
壬騎龍背格
井攔叉格（庚日潤下、戊日従革とも言う）

帰禄格
六陰朝陽格
刑合格
拱禄・拱貴格
福徳格
化気格
一行得気格

これらの外格は、比劫が主体のものと食傷が主体の命式があります。つまり財官と対抗する通変星は、比劫や食傷や印綬が財官を抑え込む働きがあるからです。ゆえに内格の日主身弱の命式の喜忌は、この外格と同じになります。

徐子平の消息賦に紹介されている、

元武当権格　壬午は、午に正気の財官を蔵し、癸巳は、巳に正気の財官を蔵する
勾陳得位格　戊子は、子に正気の正財を蔵し、己丑は、財気の偏財を蔵する

は、日坐に財官が坐している干支の命式なので、財官が昇っている命式は、内格の財官格もしくは従財、従殺になり、財官が昇っていない命式は、減点対象になる飛天禄馬や倒冲格に属する命式を取ります。

これらの格局群は、財官を決め手にして格局を区別していますが、子平術が非常に長い年月を経て継承されている間に、いつしか飛天禄馬格や倒冲格の本当の意味が曲解され誤った伝承がなされてしまったようで

す。

また、

六甲趨乾格　亥に壬甲が蔵する
六壬趨艮格　壬寅は、寅に丙戊の財官が蔵する
両干不雑格（丙丁丙丁が年月日時で構成される命式）

なども、この財官によって区別ができれば、淵海子平以後に考えられた格局も正確に区別することが可能でしょう。

滴天髄の格局分類

◉――内格　八局

財帛格　正財・偏財
官星格　正官・偏官
印綬格　正印・偏印
傷官格
食神格

原典の注釈に月支が天干の透出したものを格とし、天干に通変星が乱立した場合は、提綱（月支の蔵干）に関連がないものは格ではないとしています。

建禄格と月刃格は八局に入れていません。そして徐大昇が説いた雑気財官や遥合によって格を求める格局はすでに虚であると退けています。つまり滴天髄にまとめられる段階で正しく伝承すべき内容が歪曲もしくは秘匿されて、ある一部の秘伝のみが伝承されるように意図的な操作をした可能性が考えられます。子平があまりにも占いとして的中率が高かったことが理由として考えられます。

◉——外格

一行得気格　飛天禄馬格・倒冲格タイプ

化気格　　　内格と外格の従旺格

両神成象格

従格

　従旺格　飛天禄馬格・倒冲格タイプ

　従強格　飛天禄馬格・倒冲格タイプ

　従児格　乙己鼠貴格・合禄格タイプ

　従財格　財星タイプ

　従殺格　官星タイプ

『珞琭子三命消息賦』にみる子平格局

三奇妙用篇第三にこう記されています。

至若勾陳得位不虧小信以成仁　勾陳得位格は、土が朽ちないと小信が仁を成す。
玄武當權知是大才而分端　玄武当権格は、知に長け大きな才能が分端する。
不仁不義庚辛與甲乙交差　木金の交差の両神不通は、仁義無し。
或是或非壬癸與丙丁相畏　水火の交差の両神不通は、是非が多い。

歸定水府篇第四にはこうあります。

是以河公懼其七殺　日主身弱は、七殺を懼れる。
宣父畏以元辰　日主身弱は、宣父（財星）を畏れる。

そして、一氣遷榮篇第八にはこう書かれています。

天元一氣定諸伯之遷榮　天元一気格は、諸伯に栄転する。
支作人元運商徒而得失　支作人元は、商徒によって得失する。

但看財命有氣逢背禄而不貧　財命有気で背禄になれば貧にならない。
若也財絶命衰縦建禄而不富　財命共に滅退して建禄があっても富まない。
若乃身旺鬼絶雖破命而長年　身旺で官鬼が弱いと命を破り長い間苦しむ。
鬼旺身衰逢建命而夭壽　身弱で官鬼が旺ずれば、命が建っても壽は夭となる。
背禄逐馬守窮途而悽惶　背禄逐馬は財を破り行き悩む。
禄馬同郷不三台而八座　禄馬同郷は、三台八座の地位に昇進する。
官崇位顯定知夾禄之郷　夾禄は、高い官位を得る。
小盈大虧恐是劫財之地　小利で大きく朽ちるのは劫財の地である。
生月帯禄入仕居赫奕之尊　生月に禄を帯びれば、良い職に仕官できる。
重犯奇儀蘊籍抱出群之器　奇儀が重なれば、群を出る器となる。

この最後の文面は、宋代にはすでに遁甲が確立していますから、遁甲命理と子平の合算によって運命を論じた痕跡が残されています。

格局の喜忌と行運の見方

◉内格　日主身強

財官が喜神になりますが、財官を冲する地支が多いと減点対象になり、凶格になります。財と組んだ食傷は喜神になりますが、官星と組んだ食傷は忌神の凶格になります。

格局のランクは、官、財、食傷、印綬、禄刃の通変星の順番に貴命となります。財官の格局は、財官を破る比肩、劫財、陽刃、印綬の運を畏れ、特に日主が過旺になったときが凶運期間になります。

◉—内格　日主身弱

財官が忌神になりますが、財官が天干に昇っていない場合、地支の財官が合に逢えば良好な命式になります。財官を抑えることができる比劫、食傷、印綬が喜神になりますが、食傷と財が組んだ場合は、共に忌神となり、従旺格なら凶格になります。財官の地支にマイナス1点を加え、財官を冲や合する地支にプラス1点を加え、その合計がプラスであれば貴命になります。

内格身弱と従旺格との違いは、従格は、凶格で大きくクラッシュしますが、内格は、官殺か財か食傷が過旺になったときが要注意であり、喜神の根が冲合にあったときや喜神の天干が合去や剋にあったときが凶運になります。

格局のランクは、官印、印綬、食傷佩印、禄刃、財比劫の順番になります。

◉—外格

外格を看る場合は、まず凶格になっていないかどうかを看ます。身強の従格は、財官の両方が天干支に昇ることを忌みます。身弱の従格は、従児格以外は、内格の身強と同じ見方になります。

◉—従児格

食傷星が当令する正気の食傷星が月上に昇った命式が一番良好ですが、その月支を冲する大運が大凶で危険な時期に当たります。官星の干支が命式にないと貴命になります。大運が官星運や印綬運に巡ることを恐れます。食傷と組んだ財は喜神になりますが、食傷と組んだ官星は忌神の凶格になります。比劫がくる運勢で日主が当令して身旺になると、従児身旺の凶格になります。

◉―従財格

財星が当令する正気の財星が月上に昇った命式が一番良好ですが、その月支を冲する大運が大凶で危険な時期に当たります。印綬がくると従財帯印となって比劫や日主が運勢で当令すると従財帯劫になります。

◉―従殺格

官星が当令する正気の財星が月上に昇った命式が一番良好ですが、その月支を冲する大運が大凶で危険な時期に当たります。印綬がくると従殺帯印をとり、食傷がくると従殺帯傷になります。

◉―一行得気格・天元一気格・化気格の従旺格・従強格

財官の干支が命式にあれば減点対象となり、財官の根が冲合に逢えば吉となります。財官の根が一支ごとにマイナス1点を加え、財官を冲して抑える支にプラス1点を加えてトータルがプラスであれば貴命となり、マイナスであれば凶命になります。

一行得気格は、財官を冲する地支が多いほどより貴命となります。一行得気格を構成する三合会局や方局に財官が含まれる命式は、従旺格と同等レベルになり、官星の根がある場合は、一行得気格ではなく、従旺格を取ります。つまり一行得気格が従旺格に格下げになった運勢が大凶になります。ゆえに一行得気格は、財官の根が大運で巡っている時期が凶になります。

財官が天干に昇ると、従旺格と従強格は、従旺帯財、従旺帯殺、従強帯児、従強帯財、従強帯殺の凶格になった場合破局となります。外格、特に凶格は、用神の根が冲する大運と流年では非常に危険な時期となります。さらに高年齢の方は、流年の財官の運や用神を冲する運も凶となるケースがあります。

◉―両神成象格

両神成象格は命式で対峙する二行が、二干一支、または二干二支のまったく同じ強さで構成される命式を取ることが多く、その通関用神がある命式は非常に少なく、通関用神が対峙する二行よりも非常に強ければ、両神成象格ではない別の格局になります。

通関用神の地支を冲合する地支が命式にあると、減点対象になり、凶格になりますが、通関用神の地支が多いほど貴命となり、通関用神に根がない人は、運勢に根がくることを待たなければなりません。

◉―財星と比劫が対峙する両神成象

食傷になって通関用神が命式に昇っている場合は、四柱が喜神になりますが、一番恐れるのは食傷を剋する印綬が忌神になることです。

通関用神がない命式は、両神不通の凶格になりますが、命式上では、比劫と財星は喜神になり、日主側の比劫が強い場合は、財星を抑えることができます。

行運の喜忌は、日主が優勢であれば財運は良好になり、財星が優位になれば財運が悪くなります。通関用神を剋する印綬運が大凶になり、倒食になりますから、生命の危険や健康を害したり、衣食住に不自由したりする傾向があります。

◉――官星と比劫が対峙する両神成象

印綬で、通関用神が命式に昇っている場合は、天干すべてが喜神になりますが、一番恐れるのは印綬を剋する食傷が忌神になることです。

通関用神がない命式は、両神不通の凶格になりますが、命式上では、比劫と官星は喜神になり、日主側の比劫が強い場合は、官星を抑えることができます。

行運の喜忌は、日主が優勢であれば仕事運は良好になり、官星が優位になれば仕事運が悪くなります。通関用神を剋する食傷運が大凶になり、食印交差になりますから、地位の失墜や目上の人の引き立てが受けられなくなります。

◉――食傷と印綬が対峙する両神成象

通関用神は、日主で、官星が忌神になります。

通関用神は、日主で、天干すべてが喜神になりますが、一番恐れるのは日主を剋する官星が忌神になることです。

行運の喜忌は、日主にしっかり根があって優勢であれば、仕事運は良好になり、日主が弱くなれば仕事運が悪くなります。通関用神を剋する官星運が大凶になり、官殺になりますから、地位の転落や病気怪我に遇う傾向があります。

つまり両神成象格であっても財官の強弱は、運勢に大きな影響を与えるので、マニュアル化した通り一遍の判断では実在の人物を鑑定することはできません。

内格の正気法で求めた格局の月支の蔵干が天干に昇っている命式は、必ず月支（日支、時支、年支も副次的に考慮すること）を冲する大運のときに、人生に大きな変化が起きる傾向にあり、喜忌に関係なく、大転換期として見るべきです。

また、天干の干関係の四干一組、三干一組、二干一組の吉凶格は、命式の合冲の判断を行った五行の点数を出した後に見てください。地支においても、命式と大運、干か支、年運干支の命式の八字と運勢の三文字を足して五行の各五行の点数を出した後に、地支の特殊な関係である刑冲破害に該当するかを看ていきます。つまり五行の強弱は成敗を表し、刑冲破害の地支の関係で禍福、つまり徐大昇が序で述べている有情と無情を看ていくのです。

例を二つ挙げておきます。

【例1】 内格　日主身弱　双方の男女の命式に丑戌の刑、巳寅の刑が二つある

辛丑　未を冲　子を合　年時支の丑未は刑となる
丁酉　卯を冲　辰を合
己巳　亥を冲　申を合　刑となる
乙丑　未を冲　子を合

丑支に財が坐し、二支あるので、マイナス2点、巳酉丑丑は財官を冲してプラス4点になりますから、合計2点で貴命になり、本年の庚子は二つの丑で子を抑えています。

【例２】　倒冲格　従旺帯殺
壬寅　申を冲　巳を合　二つ共に刑となる
壬寅　申を冲　巳を合　二つ共に刑となる
丙戌　辰を冲　酉を合
甲午　子を冲　未を合

この命式は、筆者と非常親しかった女性のもので、甲子の大運の後半である子の大運の五年間である甲子年に自殺して亡くなりました。これは倒冲格の用神の午字が、大運と年運の二つの子字に冲されたことで、被害が甚大になったと考えられます。

以上二つの命式は、まさに吉凶が対照的で、前者は非常に幸運で、後者は非常に不幸な運であることがわかります。ゆえにこの二人の相性は、有情というよりも無情の相性と言えます。

性格と容姿の見方

性格は、八字の五行の配合によって大まかな判断ができます。
例えば、
木が強い人は、仁に厚く、
火が強い人は、礼節を重んじ、

土が強い人は、信に厚く、
金が強い人は、義に厚く、
水が強い人は、智恵があります。
五行が太過の人は、五行が非常に悪いほうに傾き、人との折り合いが悪く頑固な人が多く、不及の人は、五行の欠点が目立ってどこか頼りない印象を与えます。反対に五行の扶抑が均等な人は、それぞれの仁義礼智信が非常に輝き、人の模範になり尊敬され慕われます。
また、
木と金が交戦する人は、仁義がない人と言われます。
木と土が交戦する人は、疑い深く、信用に置けない人になります。
火と金が交戦する人は、義を破る無礼な人になります。
水と火が交戦する人は、是非が多い人になります。
土と水が交戦する人は、愚直な人や蒙昧のはっきりしない人になります。

次に、十干別の容姿を述べていきます。

甲が多い男性は、最も男性らしく、自尊心が高く、貴品のある容姿を持っています。リーダーシップに恵まれて男女共に司令塔になり、大出世して世を動かす枢軸の人になります。

乙が多い女性は、最も女性らしく柔軟性があって物腰が柔らかい人です。臨機応変に対応する能力に長けていて、男女共に人に安心感や憩いを与えてくれます。女性は特に容姿が美しく、自身が醸し出す不思議な雰囲気が非常に人を癒していくようです。

丙が多い人は、容姿が濃く、いわゆるソース顔でお天気屋で、比較的ドライな部分も持ち合わせますが、なぜか憎めない性格です。また、社交的で交友関係も広く多芸多才な人になります。丙の人は、非常に知的な人が多い丁の人に比べて、直感的洞察力に優れていると言えます。特にお金儲けに関しては、野生の勘というか鼻が利くので敏捷性に長けています。

丁が多い人は、インテリ風で、美男美女が多く、頭が良くて読書を好む人です。意外と不器用なところがありますが、洞察力に長けていて物の本質を巧くつかみます。ゆえに学問や文学や占いのジャンルで頭角を現すようです。

戊が多い人は、男女共に頑丈な体格で親分肌、姉御肌の気概の人が多いようです。本人には孤高なポリシーがあって、人として一つの物事に集中して大事を成すことができます。

己が多い人は、最初は地味に感じますが、芸能人になる人が多く、優しくて人気を集める魅力的な人物になります。意外と物腰が低く、どんな人とも仲良しになれる才能があり、非常に情に脆く、困った人を放っておけない優しさがあり、その人望によって乙の人とはある意味別の魅力で人々に慕われます。

庚が多い人は、殺伐とした容姿をしていますが、性格はさっぱりして話してみると意外に馴染みやすい人が多いようです。男女共に真面目で曲がったことが大嫌いで正々堂々とした生き方は、さわやかさを感じさせてくれます。

辛が多い人は、上品ですが、クールな感じを与える容姿を持ち、虚栄心は人一倍強く芯が非常に強い人です。物事に一途に向かい一切の妥協も辞さないので大きな器の人になります。

壬が多い人は、尖った高い鼻の持ち主とか体の節々が尖った容姿をしています。性急な性格ですが、融通性があって賢い人が多いようです。この人は大河のように大らかで非常に懐が広く、すべての人を巻き込みながらマイペースに進むところがありますから、人に役立つ大業を成します。

癸が多い人は、特殊な趣味を持ったちょっと不思議な印象を与える容姿を持った人が多いようです。専門分野の研究に特化していて一般の人が尻込みすることも辞さず、自ら率先して道を突き歩むので、甲〜壬の人とは違ったパーソナティを持った人と言え、何かの大発見や誰も考えつかない発明をする人がいます。

父母の見方

父母の母は、日主を生じている印綬を優先して母干を決定し、母干と干合する財を父干と決定します。

甲木日主は癸水が母で、戊土が父になります。
乙木日主も癸水が母で、戊土が父になります。
丙火日主は乙木が母で、庚金が父になります。
丁火日主も乙木が母で、庚金が父になります。
戊土日主は丙火が母で、癸水が父になります。
己土日主も丙火が母で、癸水が父になります。
庚金日主は己土が母で、甲木が父になります。
辛金日主も戊土が母で、乙木が父になります。
壬水日主は庚金が母で、丙火が父になります。
癸水日主は辛金が母で、丙火が父になります。

印綬が日干を生じている命式は、父母の恩恵を承けることになり、父母の財産を受け継ぐ場合が多いようです。日主を生じない印綬は、梟印（きょういん）と言って実の両親よりも、叔父伯母の助けが得られることになりますが、その恩恵は実の両親よりは劣ります。反対に、印綬が財に逢っている命式や、日主が身旺で印綬に逢う命式は、父母の恩恵どころか迷惑を被り、父母と疎遠か険悪の関係になりやすいので注意が必要です。

財は父親との関係を表し、身旺や財格は、父親と良好な関係となり、身弱や財を喜ばない特殊格局は、父親との関係において確執や財的なトラブルに見舞われる傾向があります。また、財がいくら喜神でも命式になければ、恩恵は少なく、疎遠になります。逆に、忌財の命式ならば、命式や地支に財の根がないほうが良好な関係を築けます。もし地支にある当令した財が天干に透出したときは、問題が勃発するでしょう。

父と母の双方の関係の例を挙げておきます。

【例1】　父親との関係

庚戌
戊子　癸
己巳
甲子
大運
己丑　水局
庚寅　木局
辛卯　木局
壬辰　木局
癸巳　火局

癸は、命式の月干と仮化火干合して印綬に変化する。

この命式の父親は、癸の偏財の干に当たりますが、天干に透出していません。ゆえに日主身強で、財が天干に出ていないので、父親との縁が疎遠になります。癸巳の火局の大運の戊戌歳に、月干戊が戊癸戊の妬合と仮化火干合して印綬に変化したとき、父親を亡くしています。つまり、変化した印綬が財を剋してしまったと考えられます。さらに己亥歳の四月に妻の父親も他界しました。

【例2】 母との関係

辛丑
丁酉　辛
己巳
乙丑
大運
　丙申　金局
　乙未　火局
　甲午　火局
　癸巳　火局
　壬辰　木局　逆運の大運は、前半五年間は土旺になる。
　辛卯　木局
　庚寅　木局

この命式は筆者のものです。月干に印綬があるので、これを母と見ることもできますが、月支の部位も母を表しています。筆者の母は、壬辰の大運の前半にあたる壬運の壬辰歳に亡くなっていますが、命式の月干の丁火は、大運の壬水と干合去しています。壬辰の年は、壬丁壬の妬合となるか、己壬の己土濁壬の壬冲水土に遭うことになり、壬の忌財が天干に昇ったために財的な災難に見舞われたと言えます。

兄弟姉妹の見方

兄弟姉妹は、敗財や陽刃が年月にあれば兄姉のことを表し、時にあれば弟妹としてみます。例外的に弟妹でも年月にある場合がありますが、これは立場的に逆転しているケースで、たとえば兄弟姉妹で事業している場合、自分の弟妹が立場が上のときなどが考えられます。

基本的に日主の陰陽によって男性は陰と陽、陽と陰ならば姉妹、女性ならば兄弟、陽と陽、陰と陰は姉妹となります。

以下に簡単に紹介しておきます。

男性

甲木日主は、甲木が兄弟、乙木が姉妹。
乙木日主は、甲木が姉妹、乙木が兄弟。
丙火日主は、丙火が兄弟、丁火が姉妹。
丁火日主は、丙火が姉妹、丁火が兄弟。

戊土日主は、戊土が兄弟、丁火が姉妹。
己土日主は、戊土が姉妹、己土が兄弟。
庚金日主は、庚金が兄弟、辛金が姉妹。
辛金日主は、庚金が姉妹、辛金が兄弟。
壬水日主は、壬水が兄弟、癸水が姉妹。
癸水日主は、壬水が姉妹、癸水が兄弟。

女性

甲木日主は、甲木が姉妹、乙木が兄弟。
乙木日主は、甲木が兄弟、乙木が姉妹。
丙火日主は、丙火が姉妹、丁火が兄弟。
丁火日主は、丙火が兄弟、丁火が姉妹。
戊土日主は、戊土が姉妹、丁火が兄弟。
己土日主は、戊土が兄弟、己土が姉妹。
庚金日主は、庚金が姉妹、辛金が兄弟。
辛金日主は、庚金が兄弟、辛金が姉妹。
壬水日主は、壬水が姉妹、癸水が兄弟。
癸水日主は、壬水が兄弟、癸水が姉妹。

日主身弱の場合は、兄弟姉妹の助けを得られますが、日主身旺の場合は、兄弟姉妹との関係が険悪となり、特に財を破る敗財があるときは、兄弟姉妹と財産上の争いが起きます。身旺で陽刃があれば、兄弟の関係が険悪か疎遠になる可能性があります。

例を挙げておきます。

【例】 実姉との関係

傷官　庚戌
敗財　戊子　癸
日主　己巳
正官　甲子

この命式の男性は、月干に姉を表す戊土がありますが、日主身強ゆえに戊土は忌神になります。実際に、姉とは確執があって非常に折り合いが悪いそうです。土行は、本来信を表していますから、姉のやっていることに彼は不信感を抱くと判断できますが、実際に彼はその姉のことをそのように語っていました。

夫妻の見方

内格身強の女性の命式は、正気の正官が命式にあれば、大運流年で、その正官が強まる運勢に合うとき、運命の人と出会います。日主身強で、正気の正官のない人は、大運か流年の時期か、子平方位にある正官の方位の干か支で運命の人に出会います。正気の正官が忌神の人は、正気の官星を冲する地支の大運、流年か子平方位の地支方位で、運命の人に出会います。

ゆえに正気の官星、雑気の官星、それ以外の官星の順番で、その人が一番魅かれる男性になると言えます。反対に官星が忌神の人は、それが一番ダメな男性との出会いの順番とも言えるでしょう。しかし正官が命式にあっても正気の官星ではない人は、その縁分が薄く、結婚まで至らない相手だと言えます。

以下に簡単に紹介しておきます。

甲日主は、辛金蔵干は、酉字、冲する卯字
乙日主は、庚金蔵干は、申字　冲する寅字
丙日主は、癸水蔵干は、子字　冲する午字
丁日主は、壬水蔵干は、亥字　冲する巳字
戊日主は、乙木蔵干は、卯字　冲する酉字
己日主は、甲木蔵干は、寅字　冲する申字
庚日主は、丁火蔵干は、午字　冲する子字
辛日主は、丙火蔵干は、巳字　冲する亥字
壬日主は、己土蔵干は、午字と丑字、未字　冲する子字
癸日主は、戊土蔵干は、巳字と辰字、戌字　冲する亥字

日主から見た正気の官星は、その喜忌に関係なく、本来自分が求める善悪を越えたところで追求する理想的な男性になります。その人を選ぶことで自分にとって一番重要な人との、最良か最悪の出会いかを知ることができます。

例を挙げておきます。

【例】

女性		男性	
癸酉		戊寅	
甲子	癸	辛酉	辛
甲申		甲午	
甲子		甲戌	

この命式の女性は、正気の官星を命式に持つ男性との縁が生まれやすく、飛天禄馬格に属すため、この男性の命式の人との相性は最悪と言えます。

内格身強の命式の男性で、正気の正財が命式にある人は、大運流年で、その正財が強まる運勢に合うとき、運命の人と出会います。日主身強で、正気の正財のない人は、大運か流年の時期か、子平方位にある正財の方位で運命の人に出会います。

ゆえに正気の財星、雑気の財星、それ以外の財星の順番が、その人が一番魅かれる女性と言えます。反対に財星が忌神の人は、一番ダメな女性と出会う順番とも言えるでしょう。

以下に簡単に紹介しておきます。

甲日主は、己土蔵干は、丑、未字　冲する未、丑字

乙日主は、戊土蔵干は、辰、戌字　冲する戌、辰字

丙日主は、辛金蔵干は、酉字　沖する卯字
丁日主は、庚金蔵干は、申字　沖する寅字
戊日主は、癸水蔵干は、子字　沖する午字
己日主は、壬水蔵干は、亥字　沖する巳字
庚日主は、乙木蔵干は、卯字　沖する酉字
辛日主は、甲木蔵干は、寅字　沖する申字
壬日主は、丁火蔵干は、午字　沖する子字
癸日主は、丙火蔵干は、巳字　沖する亥字

日主から見た正気の財星は、その喜忌に関係なく、本来自分が求める善悪を越えたところで追求する理想的な女性になります。その人を選ぶことで自分に一番重要な人との、最良か最悪の出会いかを知ることができます。

例を二つほど挙げておきます。

【例1】　男性の命式　女性の命式

庚戌　戌
戊子　癸　乙酉　辛
己巳　壬寅
甲子　己酉

この男性は内格身強なので、正気の財星を持つ壬水の女性との相性が良くなります。日支に巳があるので、巳と亥の冲で先天的に亥の蔵干の壬や甲、つまり財官を抑え込むことができますが、本来の自分の喜神の財官を壊してしまう危険性も孕んでいます。

【例２】

男性の命式		女性の命式	
正官	辛亥	正官	辛亥
正財	己亥	偏官	庚寅
日主	甲寅	日主	甲申
食神	丙寅	正財	己巳

命式を見ると、女性には正気の正官辛金、男性には正気の正財己土があり、女性の子平方位の辛未、まさに正官の方位で、この男性と出会いました。

『喜忌篇』に「官星七煞の交差、卻って合煞が有れば貴と為す。」とあり、女性の大運年運も乙で庚七殺を合して取り去る運、つまり合殺の運勢で、正官を命式に残した運勢で結婚しています。女性の日支が元々月支の冲に逢っていますから、ようやく再婚で本命の人に出会いました。男性も財に根がくる大運年運で結婚しています。まさに理想的な相性と言えます。

一方で、飛天禄馬格等の特殊格局になる命式の女性は、正気の官星を命式に持つ相手とは、犬猿の仲になるほど相性が悪くなります。時には、訴訟やそれに準ずる最悪の結末を招く男女関係になる恐れがあります。なぜなら官殺は、格局を破壊するほどの悪さを蔵凶しているからです。ゆえに官星や財星を忌む十八格の滅点対象になる命式は、財官に対する免疫力が弱いと考えられます。

地支の財官を抑える命式の人は、財官が命式にない飛天禄馬格や倒冲格と縁を生じやすく、財官が忌神でも子平方位で正気の官星や財星の方位で出会った人とは、天干に昇った財官を抑え切っていれば、人生の伴侶として好ましい人であると言えます。

婚期の見方

徐大昇の蔵干は、八字の格局を取るだけではなく、大運や流年に巡ってくる干支の蔵干によって成局する格局を看ていく必要性があります。なぜなら、それが徐大昇が説いた子平の隠された秘訣の一つでもあるからです。

例をいくつか挙げていきましょう。

【例1】 女性
敗財 壬戌
正官 戊申（**戊五日**、壬十日、庚十三日）日主の癸水の申月の正官は退気の官星となる。
日主 癸未
正財 丙辰

大運

偏財　丁未
正財　丙午
食神　乙巳（庚十日、**戊五日、**丙十五日）正気の正官

この命式は従殺格になり財官が喜神になります。大運乙巳の巳は、巳月と同じ蔵干が配合されており、巳運の戊土は日主の癸の人の正気の正官になり、この時期に成婚しています。

【例２】男性
傷官　辛酉（**辛三十日**）
食神　庚寅（戊五日、丙十日、甲十五日）
日主　己卯（乙三十日）
正財　壬申（戊五日、**壬十日、庚十三日**）

大運
比肩　己丑
敗財　戊子
偏印　丁亥（甲十日、**壬二十日**）正気の正財

この命式は月支の蔵干が一つも透出しておらず、時年の食傷が透出して従児格になり、財星が喜神になります。大運丁亥は、亥月と同じ蔵干が配合されており、亥運の壬水は日主己土の人の正気の正財になり、こ

の時期に成婚しています。

【例3】　女性
偏官　戊申
偏官　戊午（丁十五日、**己十五日**）正気の偏官
日主　壬申
印綬　辛亥

大運
正財　丁巳
偏財　丙辰
傷官　乙卯
食神　甲寅
正財　癸丑（癸八日、辛七日、**己十五日**）雑気の正官

この命式は内格身強になって財官が喜神になりますが、午月の己土の正気の正官が天干に昇っておらず、肝心な土支の根（辰、未、戌、丑）が命式にありません。大運癸は化して財に変わり、丑字の大運の雑気の官星の正官がありますので、これがこの人の婚期になります。

【例４】　女性
偏財　丁丑　（癸八日、辛七日、**己十五日**）支干の偏官は官殺渾雑になる。
正官　戊申　合（壬戊庚）日主の癸水の申月の正官は退気の官星となる。
日主　癸巳　合（庚**戊**丙）
正財　丙辰　（乙五日、癸八日、**戊十五日**）

この女性の命式は従殺格になり、大運では正気の正官は、適齢期に巡ってきません。しかも、日主の下の巳字に正気の正官が蔵しているので、申巳の合で用途を失っています。つまり、この巳字を開合する寅字か亥字の運が成婚のチャンスになります。

子女の見方

子女は、男性の日主からみた妻干の女性の日主を洩らす食傷が子女干になります。
以下に簡単に紹介しておきます。

甲木日主は、己土が妻で、庚金が子女になります。
乙木日主も、己土が妻で、庚金が子女になります。
丙火日主は、辛金が妻で、壬水が子女になります。
丁火日主は、庚金が妻で、壬、癸水が子女になります。

戊土日主は、癸水が妻で、甲、乙木が子女になります。
己土日主は、癸水が妻で、甲、乙木が子女になります。
庚金日主は、乙木が妻で、丙、丁火が子女になります。
辛金日主は、乙木が妻で、丙、丁火が子女になります。
壬水日主は、丁火が妻で、戊、己土が子女になります。
癸水日主は、丙火が妻で、戊、己土が子女になります。
己土日主の辛金、辛金日主の癸水、壬水日主の甲木は子女干となりません。

女性から見た子女は、身旺ならば非常に良い関係となりますが。身弱の場合は、子供のことで苦労や確執が生じてきます。最悪の場合、子女を亡くすケースがあるようです。

男性から見た子女は官殺になりますから、身旺は非常に良い関係が築けますが、身弱の場合や官殺を喜ばない特殊格局は、子供との確執や関係で苦労します。

例を挙げておきます。

【例】　時上偏財格

×戊　午△
×戊　午合
×己　未合
○癸　酉○

大運　偏印　丁巳　火局
　　　印綬　丙辰　木局
　　　偏官　乙卯　木局
　　　正官　甲寅　木局　正気の正官の大運、運命の人に出会う。
化火　偏印　癸丑　水局　丑は午未の合を冲で開くので吉。
　　　正財　壬子　水局　正気の正財の大運、本来の財が入る。

この命式の人は、第二子が生れるかどうかの相談に来ましたが、時支に金行の食傷の根がありますから、庚子、辛丑歳に子供ができる可能性があります。現在の大運は、寅運の木局にあり、甲寅運は、正気の正官が成立する運勢ですから良好であると言えます。

さらに、例を挙げておきます。

【例】男性　井攔叉格

○庚申○
×甲申◎
化金○庚申
化金○乙酉

この命式の人は、大運が戊子の丁酉歳の壬月に女児が誕生しております。丁年は、庚日の正気の正官を表して、陰陽配偶の関係により女児が生まれています。財官は忌命式ですが、財官に根がないため、かえって良好な運勢になっています。

財禄の見方

財禄は、天干に出ている財官が有形の財産や地位のあり方を表しています。

正官は、正当な手段で得た高い地位による俸禄が財産になります。

偏官は、正当な手段ではない方法で得た地位よって財産が得られます。

正財は、妻あるいは父親の財産によって高い地位が得られます。

偏財は、一般大衆の流動的な財産を動かすことによって地位が得られます。

印綬は、父母や目上の助力による財産と名声が得られます。

食傷は、動不動産や土地や店舗などの利益によって生みだされる財産か、自らの才覚によって得られる財産を表します。

比劫は、兄弟姉妹の助力や友人によって得られる財産になります。また身強の人は競技や武芸によって得られる財産になります。

天干に財官が出ていない人は、無形的な財産を求めることで財産を得ることができます。例えば、ベンチャー企業や経営コンサルタントのような自らの才能が資本となる分野です。

自らが使用した十二支の子平方位は、財禄を得るかどうかの重要な判断をすることができます。地支に含まれる蔵干の財官を冲する方位は、その人が人生において具体的な財官を得ることができると考えられます。

飛天禄馬や倒冲格の人は、格局の用神の方位を使用することで人生において大ブレイクしています。

内格身弱の人や飛天禄馬や倒冲格などは、地支にある財官が財産と地位を表していますが、財が当令して多いほど、運勢で天干に昇ったとき、自分の許容範囲を越えた努力で克服しないと達成できない大きな物事や大きなイベントがやってきます。それによって得た地位や収入は、その財が昇った期間、いわば賞味期限つきの地位や収入と言えます。ゆえに財運が過ぎ去った後では、それ以上の収入は見込めないと判断し、貯蓄や資産作りの計画を立てておく必要があります。

疾厄の見方

子平において四柱の部位ごとに、病気になりやすい部位や機能障害を見ることができます。病気は、喜神が弱いか忌神が強い五行の部位に異常を感じたり、問題が起こったりします。

命式の天干に昇った疾病の部位と地支の部位は以下のとおりです。

甲乙木は、肝臓と目。
丙丁火は、心臓と舌。
戊己土は、胃腸と口。
庚辛金は、肺と鼻。
壬癸水は、腎臓と耳。

水局支

子水は、膀胱。
辰土は、胃。
申金は、大腸。

金局支

丑土は、脾臓。
巳火は、心臓。
酉金は、肺。

火局支

寅木は、胆のう。
午火は、小腸。
戌土は、三焦。（自律神経）

木局支

卯木は、肝臓。
未土は、心包。
亥水は、腎臓。

病気は、忌神が強い五行の部位に違和感が生まれますが、それはまだ未病の段階であり、それがエスカレートするとその部位に問題、つまり発病が起こります。

また、命式の四柱の天干に昇った疾病の部位は以下のとおりです。

年干

陽	甲木	丙火	戊土	庚金	壬水
感	視	味	食	嗅	聴
陰	乙木	丁火	己土	辛金	癸水
官	目	舌	口	鼻	耳

月干

陽	甲木	丙火	戊土	庚金	壬水
華	臭	色	形	声	温
陰	乙木	丁火	己土	辛金	癸水
液	涙	血	唾	汗	尿

日干

陽	甲木	丙火	戊土	庚金	壬水
支	爪	乳	脂	息	髪
陰	乙木	丁火	己土	辛金	癸水
主	筋	脈	肉	皮	骨

時干

陽	甲木	丙火	戊土	庚金	壬水
腑	胆	小腸	胃	大腸	膀胱
陰	乙木	丁火	己土	辛金	癸水
臓	肝	心	脾	肺	腎

陽干は、その器官の機能障害によって問題が起きる、つまり病状が発症し、陰干は、器質、つまり臓器やその部位に問題が生じてきます。

未病の段階では、それぞれの機能や器質に不具合や違和感が起きます。

未病の段階だったら、生活習慣や食生活を改善していけば問題は、早期に改善されます。筆者の恩師だった故張明澄先生の専門は子平漢方（子平方剤口訣）ですから、先生の『糖尿病の漢方療法』（東明社）の95ページに四柱の病症部を詳しく説明した部分がありますので、長くなりますが引用しておきます。

五行論は病気の深刻度を計る医学座標

症状、あるいは病気が組み合わさっている場合、漢方医学では「まず何から手をつけるべきだ」という理論が確立されています。それを私たちは五行論と呼んでいます。

漢方でいう五行論はいろいろな体の生理機能（病気とは機能の不調）を大きく五行に分けて座標化（表）し、それを基準にして症状の深刻度、すなわち最初に治療すべきものを見つけ出そうとするものです。これに、すでに説明した熱寒（ねっかん）・実虚（じっきょ）・燥湿（そうしつ）の三軸の座標を合わせて考えることで、漢方の治療理論が成立しているわけです。

「体の各部分を示す五行」の表

五行	臓	腑	気	官	主	支	液	体	変	志	係数
肝木	肝	胆	風	目	筋	爪	涙	識	握	怒	3
心火	心	小腸	熱	舌	脈	毛	血	神	憂	喜	2
脾土	脾	胃	潤	口	肉	唇	唾	体	噦	思	5
肺金	肺	大腸	燥	鼻	皮	息	汗	気	咳	悲	4
腎水	腎	膀胱	寒	耳	骨	髪	尿	精	慄	恐	1

この表と語の意味についてご説明しましょう。注意していただきたいのは、これらが解剖学的なものではないことです。あくまで体の生理的機能を表現しているものだということ覚えておいて下さい。

まずは大きく分けている五行です。

「肝木」とは神経と意識・感覚・運動などの機能、解毒とは肝臓やリンパ腺がもっている解毒作用のことです。

「心火」とは精神と循環を意味します。

「脾土」とは栄養と消化を意味します。栄養とは身体の健康を維持する栄養の調節機能のことで、太りすぎ、痩せすぎにならない調節機能もこれに含まれます。消化と胃腸機能を中心とした消化機能のことで、吸収作用もこれに含まれます。

「肺金」とは呼吸と排せつを意味します。呼吸とは体内と体外の入れ換えのことで、鼻・肺・気管支だけではなく皮膚の呼吸作用も含まれます。排せつとは老廃物を体外に出す、おもに排便と発汗のことです。

「腎水」とは生活と泌尿を意味します。生活とは生長と生殖のことで、すなわち生命力のことで、老化防止もこれに含まれます。


さて五行の下に並ぶ臓腑に位置する言葉の概念も、漢方医学と西洋医学とでは次のように異なります。

「肝」とは肝臓だけではなく神経も含みます。

「心」とは心臓だけではなく心の出所として脳も含みます。

「肺」とは肺臓だけではなく咽喉・気管支などの咽胸部の呼吸器全体を含みます。

「胆」とは胆嚢だけではなく意識の出所として脳をも含みます。

「胃」とは胃だけではなく食道から大腸までの消化器全体を含みます。

「膀胱」は解剖学的な意味での膀胱の他に感冒のような急性病に対する抵抗力をも意味し、白血球の食菌作用などもこれに含まれます。

「小腸」が心火に分類されるのは栄養が吸収され血液となって循環するからです。

「大腸」が肺金に分類されるのは排せつ作用としてです。

次に気に位置する言葉の概念です。すでに書いたものと重複もありますが、分かりやすくするために整理しましょう。

「風」とは体の中のエネルギーです。

「熱」とは体の中の熱です。

「潤」とは体の中の津液です。

「燥」とは体の中の不要な水分を排する機能です。

「寒」とは体の中の消炎機能です。

官に位置する五つは文字どおりの五官（感）です。すなわち「目」は視覚機能、「舌」は味覚機能、「口」は呑食機能、「鼻」は嗅覚機能、「耳」は聴覚機能を意味します。

主に位置する「筋」は腱（単なる腱でなく運動気も含む）、「脈」は血管、「肉」は筋肉と脂肪、「皮」は皮膚、「骨」は骨髄を意味します。

液に位置する五液は、そのものでなく液体が果たす機能のことです。

体に位置する五つは体の中の形ある部分と形ない部分を合わせたもので、「識」は意識、「神」は精神、「体」は肉体、「気」は元気、「精」は精力（生殖機能を含む）を意味します。私たちの体が動き・歩き・走るのはすべて精力があるためで、精力がおとろえると髪の色の艶が悪くなったり抜けたりします。

変に位置する五つは、「握」が緊張しやすいことを、「憂」が心配症・苦労症を、「噦」があくび・げっぷ・しゃっくりを、「咳」がせき・ぜん息を、「慄」がふるえを意味します。

志に位置する五つは、「怒」が怒り、「喜」が言葉や行動の無意味な繰り返し、「思」が脅迫観念、「悲」がセンチメンタリズム、「恐」がノイローゼやおびえといった症例を意味します。

治療方法順位を決めるのは症状の重さ×五行の係数

すべての病気はどの機能にかかわるかによって、五行の座標の中のどこに位置するかが決められます。例えば、糖尿病なら五行の脾土で臓の脾の病気であり、肥満なら同じ脾土の主の肉であり、口内炎なら脾土の官の口、蓄膿症なら肺金の官の鼻、半身不随だと肝木の気の風というような座標が決められるわけです。そして五行にはそれぞれ右から〈3、2、5、4、1〉と並ぶ係数があって、症状の重さを（これも点数にする）が係数に掛けられます。ある人が複数の病気を持っている場合には、その〈症状の重さ×係数〉が最も大きい病気の治療が最優先され、他の病気はそれが治ってからということになるわけです。

以上、張先生の漢方理論は、非常に優れていますが、西洋医学が主流の日本では、張先生の優れた理論は、正当な評価が得られていません。

次に通変星の喜忌からみる欠点は、次のとおりです。

忌比劫が強い人は、意固地になって他人と交流しないので危機情報が欠落します。
忌食傷が強い人は、ハイリスク、ハイリターンな行動が自分を窮地に追い込みます。
忌財帛が強い人は、折角の健康プログラムを怠惰なために実行できません。
忌官殺が強い人は、人見知りで、人の善意を逆に取って結局自分を変えられません。

忌印綬が強い人は、正しい情報を誤って解釈して平気で誤った行為をしてしまいます。
喜比劫が弱い人は、自分に自信が持てず自虐や自己不振に陥る恐れがあります。
喜食傷が弱い人は、自己表現が下手で引きこもりのニートになりやすいです。
喜財帛が弱い人は、金銭感覚がけちで肝心なところに投資できません。
喜官殺が弱い人は、自尊心が強すぎて横暴になり、他人の意見が聞けません。
喜印綬が弱い人は、判断能力に欠落している部分があり危機情報を認知できません。

現代社会は、私たちを取り巻く環境すべてにおいて汚染度が高まっています。水質汚染や放射能汚染、食生活における添加物や化学調味料などによる人体汚染といったものだけでなく、世界中を震撼させているコロナウイルスもある意味現代病であると言えるかもしれません。

こうした状況下において、がん、脳疾患、心疾患、糖尿病、認知症といった病気の対策は完全とは言えません。常に自分の未病の段階で起こってくる状態を観察して、その段階でしっかり対応を考えていかないと、いついかなるときに病気を発症するかわかりません。特に、子平の凶運期に発生する比率が高くなることも考慮して、病院ではケアできない子平の運勢や予防医療によって、自分の欠点を知って常に養生に務めることが大事になります。

例を挙げておきます。

【例】　突発性難聴になったケース

×壬辰

〇乙巳　庚戊丙

×壬子　日刃
○戊申

大運　戌
流年　丁酉歳

この命式は、筆者の講座の受講者のものですが、年干の壬水は聴覚の機能を表し、大運戌と流年の丁酉は年干壬と合去しており、地支の合冲は、年支辰と大運の戌が冲し、流年歳君の酉支が冲開して年柱の動きが出ており、症状も動きが出たと考えられます。しかし、忌神である年干の壬水が合去しているので、悪化する可能性は少ないでしょう。

例を挙げておきます。

【例】　正財格（財多身弱）

比肩　◎癸卯△　天魁
正財　×丙辰△　乙癸戊
日主　○癸未×
偏財　×丁巳△　天魁

大運　五一～六十歳　○庚　×戌（辛丁戊）
五十五歳　丁酉歳　二〇十七年

五十六歳　戊戌歳　二〇十八年
五十七歳　己亥歳　二〇十九年

この命式は正財格でも紹介しましたが、戌の大運の戊戌の年に年干の財を抑える癸の用神が合去され、不摂生もたたって感染症が発病しました。この年干の癸は耳を表し、耳そのものに原因があるのかも知れません。日の癸は、骨を表して、月時の丙丁の財によって盗気に逢っています。大運の庚戌の十年間は、一般的に十年単位で見ますが、前半の庚の最後の年の丁酉歳に病気が発症しています。後半の戊運は官殺の剋気の運勢ですから治療法に問題があって回復の見込みが立っていません。

例をいくつか挙げておきます。

【例1】　交通事故に遭ったケース

×丙寅
○壬辰　乙癸戊（月令木令の月に生れている）
○庚寅　合
×丁亥　合

大運　×乙　×未（丁乙己）
流年　×戊戌（辛丁戊）
流月　×甲子（癸）

この命式は、内格の身弱となり、財官を好みません。大運の乙未は、火局の土旺運にありますから、命式の丙丁は強くなって殺気が旺じています。戊戌年の甲子月に交通事故に遭いました。戊戌の歳は大運の乙未の後半の未運の中にあり、これは財の盗気に逢ったからだと言えます。

【例２】盲目の症例…地支が表す特殊な症例

比肩　辛巳
食神　癸巳
日主　辛卯　卯は肝蔵を表して蔵干の乙は眼球を表している
偏印　庚寅

大運　乙未　　未の土旺は、雑気印綬格になる
年運　庚子

この命式は、歌手である佐藤ひらりさんのものですが、彼女は目が見えません。倒冲格の凶格になり、正気の財官の地支で命式が構成されています。現在音楽大学に入学して音楽を基礎から学んでいますが、芸能事務所に入れるかどうかの相談を受けました。彼女の目が見えない根本の原因は肝臓にあって、七政命理でも疾厄宮の照宮の太陽が冲に逢い、眼球を傷つけたことによって目が見えなくなっていると判断しています。卯は眼球を表して、寅は見る機能を表しているゆえに、目が見えなくなっていると考えられます。そのほか、巳が表す心臓疾患も要注意だと言えます。

【例3】肝臓がん末期の症例…筆者のアドバイスも効を奏さなかったケース

正財　壬寅
傷官　乙巳　冲去
日主　辛亥　冲去
偏印　己亥

大運　庚戌　庚が月徳　庚は乙と変化干合し、すでに肝硬変だったと推測される
　　　辛亥　辛が天徳　大運が日柱と同じ運勢になっている
年運　庚子　従児格を構成する乙を庚で合去し、大運も辛で乙を剋したため死期になる

この命式は、筆者のいとこのものですが、従児帯印の凶格になっています。二〇二〇年肝臓がんで亡くなりました。大運の庚の運は、乙庚が化金して恐らくすでに肝硬変になっていたと考えられます。肝硬変は肝臓がんに発展することが多いからです。肝臓は沈黙の臓器とも呼ばれ、発見されたときはもう手が付けられない状態になります。ゆえに日頃から予防することが大切です。

【例4】近視の症状が回復したケース…電位治療、温熱治療、濃厚酸素吸引が効果を奏した

食神　辛丑
偏印　丁酉
日主　己巳
七殺　乙丑

大運　辛卯
年運　庚子

この命式は筆者のものですが、大運の卯は肝臓を表し、辛は卯を剋し食傷制殺によって抑えています。乙は肝臓を表し、さらに目の機能も表しています。本年は時干の乙を化金して乙の忌神が命式から消えています。筆者は健康法プログラムを自身で作成し、この五年間欠かさず実行しました。そうしているうちに、眼鏡に違和感が生じて視力が回復しているのにメガネを掛けたままでいることに気がついたのです。そして、二〇二〇年の免許更新時にはついに眼鏡等が除外されたのです。免許更新の会場の担当の女性スタッフは、視力が落ちる人は多いが、視力が良くなってメガネが必要でなくなるという話はあまり聞いたことがないと感心していました。

【例５】糖尿病末期のケース…糖尿病は遺伝か生活習慣によって発病すると言われている

食神　戊戌
正財　辛酉　辛金
日主　丙申
正財　辛卯

大運
丁卯　卯の印綬は忌神なので病気の対処法かその治療方法に問題がある

戊寅

この命式は筆者の兄のもので、食傷生財の従財格になり、一見非常に良い命式に見えますが、現代の日本の医療では完治が難しい糖尿病の末期にありました。

【例6】肺奇腫のケース…肺病は悔みや過失の心が生み出すとされている

食神　甲戌　娘を表す食神の甲木が月干の辛金を壊している
印綬　辛未　土用生まれ
日主　壬子
偏財　丙午

この命式は女性のものですが、自分の娘を若くして亡くし、その悲しみの余り肺病を患ってしまいました。しかし、現在大運が水局に廻っているので、病気が克服される可能性があります。

福徳の見方

人の幸せは閑忙にある、と言われており、閑（ひま）すぎる人生も困りますし、忙しすぎる人生も考えものです。財官が命式にある人は、人生においてお金や地位といった具体的なものを自然に求めてそれが得られるようです。反対に飛天禄馬格や倒冲格等の人は、無形の価値を求めていくことで成功を収めるようです。

比劫が多い人は、独立や創業を目指して自らの個性を売り物にすべきで、競技や武芸、芸能に秀でることで成功します。

食傷が多い人は、自分のやりたいことを社会の構造に縛られることなく、むしろその体制の固定概念を覆して、今まで誰も手掛けていない分野を開拓することで成功します。

財が多い人は、金融や投資、経営や習い事に関心が向かうようです。

官殺が多い人は、自己の品格向上に興味を持ち、躾や教育やマナーに関心が向かうようです。

印綬が多い人は、グルメや食に感心が強く、旅行や骨董品集めに熱中するようです。

雑気の墓庫の格局の人は、それが開かれるまで人生が封印されたかのようにまったく芽が出ませんから思い悩む人が多いようです。

大運の見方

「定真論」に「法運四時」とあるように、大運は、生月干支を基準に四時、つまり四季の季節が巡ってくると考えられます。大運は生月干支を陽男陰女は順に、陰男陽女は逆に、大運干支を並べいきます。

三合の方局の三セットの干支が三十年を一区切りにして、各季節の月令が旺じると看ます。大運の十年間は、干支の前半の五年間は干が作用し、後半の五年間は、支が作用すると看ます。その大運支は、支中の蔵干の五行が旺じ、雑気の支の大運は、土が旺じます。

寅、卯、辰が順の木局

辰、卯、寅が逆の木局

巳、午、未が順の火局
未、午、巳が逆の火局
申、酉、戌が順の金局
戌、酉、申が逆の金局
亥、子、丑が順の水局
丑、子、亥が逆の水局

になります。

しかし大運には順逆があって、順の寅卯辰の大運では、三十年間の最後の五年間は土用の土旺になりますが、逆運の辰卯寅の大運では、最初の五年間が土用となって、以後木局となります。

例を挙げておきます。

【例】　筆者の命式

辛丑
丁酉
己巳
乙丑

大運逆運
壬辰
辛卯

庚寅

大運の最初の壬辰の五年間は土用の土旺になりますから、壬の大運は命式の月干の丁と合去し、最初の五年間の最後の壬辰の年は妬合となって、天干に財が昇るので非常に悪く、この年に母親を亡くしています。

大運干の見方は、日主から看た通変星の喜忌によって判断し、大運支は命式の年月日時のどの通変星の五行の根になるかを看て喜忌を判断します。

大運支は、命式の地支の年支、月支、日支、時支に冲合する地支に注目する必要があります。

年支に冲する場合は、自分の社会的な立場に変動が見られます。

月支に冲する場合は、自分の家庭の立場や職業に変動が見られます。転職や転勤として現象が起きますが、用神の場合は死期の可能性があります。

日支に冲する場合は、自分の配偶者に変動が見られ、再婚や離婚になるケースがあります。元々命式の日支に冲や合がある人は、この時期に配偶者との縁が変わる可能性があります。

時支に冲する場合は、子供や部下との関係が変動します。

命式に冲が多い人は、生地より遠方で生活を糧とする人が多く、早くから故郷を離れる人が多いようです。

合冲が命式に混在する人は身持ちが悪く、転職や転勤が多く、住居が定まらない人が多いようです。

財官が用神の人は、用神の五行の三合の方局がどの通変星に当たっているかで、運勢の良し悪しを看ることができます。

官星が用神の人は、官星の方局、財星の方局を喜び、食傷の方局、印綬の方局、比劫の方局を忌みます。

一番良い運勢は、財星が干に乗っている場合で、一番悪い運勢は、傷官が干に乗っている場合です。

例えば、正気の正官を持ち、甲日の辛酉月の人は、順ならば、

壬戌
癸亥
甲子
乙丑

というように大運が巡って行きますから、甲日ならば土用の雑気の財運だけが良く、後は、比肩、陽刃の水局運、食傷の木局運が来ますから、まったく財官が旺じる運は巡って来ません。

逆ならば、

庚申
己未
戊午
丁巳

というように財を強める運は、たったの十年しかやって来ません。そして官の好ましくない傷官の火局運がやって来ます。

正気の財星に関しては、丁日の庚申月だとしたら、順運は、

辛酉
壬戌
癸亥
甲子
乙丑
丙寅

というように官星の水局運や印綬運の木局がやって来ます。

逆運ならば、

己未
戊午
丁巳
丙辰
乙卯

というように比劫の火局運、印綬の木局運が巡って来ますから、日主は旺じても財を破る運勢が来てしまいます。

飛天禄馬格や倒冲格は地支に用神を求めますから、大運が冲に当たるものが必ずやって来ます。命式によっては、二十代前後にやってくる人もいますから、アドバイスには充分な配慮が必要となります。特に建禄格や月刃格の人は、必ず六十代前後に月支を冲する大運支がやってくるので、月支を用神に取る正気の通変星を持つ人は、注意が必要です。

次に実際の命式をいくつか看てみましょう。

【例1】転勤のケース

傷官　癸卯
偏官　丙辰　乙
日主　庚辰

偏財　甲申
大運　庚戌
流年　戊戌（大運支戌運の最初の年）

大運支と年運支の戌は月支と日支を冲し、仕事の転勤が余儀なくされてしまいました。雑気の辰月を冲しますから財庫が開かれ、思いもしない父親が遺した隠し財産が現れました。庚の大運は時の甲木を剋し、甲木は父親を表し、このとき父親を亡くし、庚の比肩を表す兄も亡くなっております。

【例2】父親のトラブルが発覚

比肩　庚戌
偏財　甲申　庚
日主　庚辰　合
陽刃　乙酉　合

大運　己卯
流年　戊戌（大運己運の三年目）

戊戌の歳は、日支の辰を冲し、大運の己は月干の甲を合去しています。この甲はまさに父親を表し、日支の辰は財の根となっています。雑気辰の日支を戊戌歳が冲したことで辰酉の合が解かれ、そもそも問題が合によって抑えられていたものが、戊戌歳に発覚し、しかも大運己土が甲木を合去していたため、財産問題が発覚しましたが、致命的な炎上は免れて、災いが未然に防がれました。

【例３】離婚のケース

正印　丙午
正官　甲午　丁
日主　己未
偏官　乙亥

大運　己丑
流年　戊戌（大運丑運の二年目）

この命式は月日の午未が合去し、大運丑の冲によって合が開かれます。戊戌歳のときに離婚が成立しました。大運己のとき、夫を表す月干甲の正官が仮土化干合して正官がすでに命式から消えています。この命式は内格身弱で、正官は忌神ですから、この離婚の選択は当人にとっては正しかったと言えます。つまり大運を看るときは、まず三十年のスパンで大局を判断し、各十年の運勢をただ当てはめて看るのではなく、そこで起きた現象に次に現れる現象が隠されている場合もあるので注意が必要です。喜忌によって大運の象意を当てはめただけでは現実と食い違って占いが的中しなくなります。

【例４】筆者のケース

食神　辛丑
偏印　丁酉　辛
日主　己巳
偏官　乙丑

大運　辛卯
流年　己亥（大運辛の二年目）

大運は木局の殺気が旺じており、辛の食神は、卯の蔵干の乙の殺気を抑え込んでいます。正気の官星の乙木は、月干の丁火に引火するため、丁己乙が炎上すると考えられます。己亥の歳に、命式の地支の用神の巳は、もともと財官を抑える支であるものの、それが冲されることは、飛天禄馬格や倒冲格の判断と同じで、格局の成敗に大きな影響を与えるので注意しなければならない年と言えます。

流年歳君の見方

流年の見方は、
大運三十年間はどの局にあり、
大運干支の十年間はどの格局に当たり、

大運干支十年の干の五年間、あるいは支の五年間のどこに当たっているかを見ます。

例を挙げておきます。

【例】

丙寅
戊戌
壬辰
庚子

大運干支
流年干支

二徳　◎丙　寅○　木・火
　　　○戊　戌○　冲　魁剛（月令は土用前の金令の月）
　　　×壬　辰○　冲　魁剛
　　　△庚　子×　水

大運　正財　二〜　六歳○丁　七〜十一歳酉◎　金局
天徳　偏財　十二〜　十六歳◎丙　十七〜　二十一歳申×　金局
化金　正印　二十二〜二十六歳×乙　二十七〜三十一歳未○　土局・火局　雑気財官格

食神　三十二〜三十六歳×甲　三十七〜四十一歳午〇　火局　正気の 正官格
仮化火正財　四十二〜四十六歳〇癸　四十七〜五十一歳巳〇　火局　財官長生
比肩　五十二〜五十六歳×壬　五十七〜六十一歳辰△　土局・木局
正印　六十二〜六十六歳×辛　六十七〜七十一歳卯◎　木局
月徳　偏印　七十二〜七十六歳△庚　七十七〜八十一歳寅〇　木局
正官　八十二〜八十六歳〇己　八十七〜九十一歳丑〇　土局・水局
偏官　九十二〜九十六歳〇戊　九十七〜　百一歳子×　水局
亥×寅と合去
戌〇財官の根

現在の大運と流年の組み合わせを、もう少し詳しく解説していきます。

二徳　◎丙　寅〇　　火一干一支二点
○戊　戌〇　冲　土一干〇支一点
×壬　辰〇　冲　水一干一支二点
×庚　子×　　金一干〇支当令一点

二十二〜二十六歳×乙　(化金)印綬が忌神の大運　乙庚の化金干合で金が二干〇支
土旺の大運で偏官が旺じる
二十二歳　丁亥△　(2007)壬丁の倍加干合で火が二干〇支、寅亥合去

二十七〜三十一歳　未◯　火局　財官の根の喜神の大運　雑気財官格成局

二十三歳　戊子△（２００８）戊が二干〇支、子丑の合去
二十四歳　己丑◯（２００９）己が二干〇支、子丑の合去
二十五歳　庚寅◯（２０１０）庚は乙庚乙の変化三干〇支、寅は火一支増
二十六歳　辛卯◎（２０１１）丙辛合去卯は冲開き戊が一干二支偏官成局
火局に入り財が当令して財運が旺盛になる。
官を生じることで地位の向上がみられる。
二十七歳　壬辰×（２０１２）壬が二干二支、辰戊の冲が重る、魁罡運
二十八歳　癸巳△（２０１３）戊癸が財に変化干合、財二干三支過多
二十九歳　甲午×（２０１４）傷官見官になる
三十歳　乙未△（２０１５）乙庚の変化干合、財一干三支の過多
三十一歳　丙申△（２０１６）財旺生官となるが寅申の冲去に逢う。

三十二〜三十六歳×甲　傷官見官の凶運期の大運

三十二歳　丁酉×（２０１７）壬丁の倍加干合で、酉の冲開き戊が甲に剋
三十三歳　戊戌×（２０１８）月柱と同様、魁罡の冲が重なる福徳的に凶
三十四歳　己亥×（２０１９）寅亥の合去
三十五歳　庚子◯（２０２０）傷官の甲を庚が抑える
三十六歳　辛丑×（２０２１）丙辛の合去、財がなくなる

三十七〜四十一歳　午◎　火局　子午の冲、財の喜神の大運　正気の正官の火局

三十七歳　壬寅◯（２０２２）財一干三支過多

三十八歳　癸卯○（２０２３）戊癸が財に変化干合、財三干三支過多
三十九歳　甲辰×（２０２４）傷官見官
四十歳　　乙巳○（２０２５）財官長生が成る
四十一歳　丙午◎（２０２６）正気の正官が成局する
四十二〜四十六歳○癸　（仮化火）財の喜神の大運
四十二歳　丁未○（２０２７）財の過多
四十三歳　戊申○（２０２８）戊癸戊の変化干合、財の過多
四十四歳　己酉◎（２０２９）官星運の冲開く、雑気の正官格が成局する
四十五歳　庚戌△（２０３０）財過多なので印綬が来てもよし
四十六歳　辛亥△（２０３１）年柱を合去する父親に問題が生じる
四十七〜五十一歳　巳○　火局　財の根が来る喜神の大運　財官長生が成る
四十七歳　壬子○（２０３２）日刃が来る夫妻宮や兄弟に問題が生じる
四十八歳　癸丑△（２０３３）戊癸の変化干合、子丑の合去
四十九歳　甲寅×（２０３４）傷官見官
五十歳　　乙卯○（２０３５）乙庚の化金、冲開で財官長生が成る
五十一歳　丙辰○（２０３６）財旺生官が成る

現在の大運は、傷官見官の凶運期で、後半は、正気の正官の大吉運がやってきますから、これを辛抱強く乗り越えれば、財官の喜神が巡ってきます。今が試練のときで、大きく成長できるチャンスであると捉えるべきです。二〇一九年は己亥の歳で、寅亥の合となって財の根を取っており、財的にも厳しい状況に置かれ

ていると考えられますが、傷官の根である寅が合去することは好ましいでしょう。また、庚子は傷官の甲を抑えているので、問題やトラブルも早期に解決できるでしょう。

十八格の特殊ケースの見方

次の命式は筆者のものですが、徐大昇の十八格では、井欄叉格に区別することができますから、財官を抑える巳酉丑の金局が官殺の亥卯未をそれぞれ冲し、財の申子辰の水局をそれぞれ合して抑え喜神になります。天干に昇った辛は非常に強くなりますが、月干の丁がこれをよく抑えます。この関係を傷官佩印と言います。年干の辛が時干の乙の忌神を抑え、月干の丁は乙の忌神を引火して弱めています。

【例】筆者　日主己から見た六庚の干支は全て良いものが秘められている

食神	辛丑	華蓋・墓貴	庚子	天乙貴・本家
偏印	丁酉	将星	庚寅	天官貴・破禄
日主	己巳	科名貴（為仮）	庚辰	魁罡
七殺	乙丑	華蓋・墓貴	庚午	貴禄・進禄（禄馬印庫門）
大運	辛卯		庚申	天乙貴・虚命
年運	庚子		庚戌	魁罡

大運・年運が命式に与える影響

子（癸）　　　　　　　合去　天乙貴人
食神　辛丑（癸辛己）　　合去　年支は、実益を表し、合去によって財をつかむ。
偏印　丁酉
日主　己巳
食神　乙丑
月徳　傷官　庚

庚は技干（技芸）、尊干（信仰）、嫖干（女遊び）の意味を持ちます。庚は月徳があります。

大運の辛卯は、現在前半の辛の食神に当たり、食禄を表して災難を未然に防ぐ働きをしています。後半の卯の蔵干は乙で、時干の乙が大運で当令し、三干一組の丁乙己は官印相生の禄干として働いています。年運の庚は、時干の乙と変化干合して金に変化し、時干は、後継者の息子を表しています。

二〇二〇年の鑑定依頼が母子家庭の娘に関するものが多いのは、時柱に化金干合が貼り付いていることが関連しています。さらに、子丑の年支と合去していますが、時支とも子丑の合（支徳合）があり、時支は娘を表します。ゆえに大運と流年に金が多くて強くなりますが、井攔叉格が成貴局と看ることができます。

さらに例を三つほど挙げておきます。

【例1】深田恭子さんの命式

正財　壬戌　　　天徳貴（為財）
傷官　庚戌　戊　天徳貴（為逆）

日主　己丑
七殺　乙丑

大運　丙午
年運　庚子

二〇二〇年は露出度が非常に多くなっている深田恭子さんですが、内格身強であれば、大運の丙は忌神となります。年運の庚子は、時干の乙と変化干合して金に変化して、食傷が多く日主の吐秀となっています。年運の子は、日支と合去します。井欄叉格として看れば、今年は井欄叉格が成局していることになります。

【例２】故三浦春馬さんの命式

比肩　庚午
印綬　己卯
日主　庚子
偏印　戊寅　推定

大運　癸未
年運　庚子
月運　癸未

二〇二〇年、この世を去った三浦春馬さんの命式は、飛天禄馬格に区別されますが、地支にある午、卯、寅支は忌神になります。大運の癸は、火局運にあって時干の戊と仮化干合となって火に変化します。最大の忌神の官殺が時柱に昇って日主の庚を剋したため、自殺に至ったと推測されます。

【例】菅義偉総理の命式

合去　戊子
合去　癸亥
日主　乙丑
正財　戊寅　推定

大運　辛未　雑気財官格　　大運の格局は、命式の格局を上回る。ゆえに成。
年運　庚子　月運　乙酉

新総理になった菅さんは、内格身強の日坐の時上偏財格に区別されます。大運の年月が合去していますが、現在は癸未の火局運にあって仮火干合して、年月が食傷として命式に復活しています。二〇二〇年の庚と大運の辛は、二つの官殺運が重なっていますが、辛の大運は、どうやっても偏官格になるので、君子を助ける二番手にしかなれません。しかし、二〇二〇年の庚は日主に干合する正官（干合貴）となり、総理の席が用意されたと考えられます。乙酉の月運は、乙庚乙の日主を含んだ妬合となって、総理の席を争ったと看られます。庚午の大運は、正官に傷官見官となっていますが、辛未の大運は、雑気の財官を構成するために菅さんにとって本命の格局を上回っており、この大運が一番良い運勢と言えます。

あとがき

徐大昇が遺した『通變淵源』は、徐子平の子平真数の定十八格を正確に伝えたもので、これをベースに子平推命は、発展していく方向には向かわなかったようです。なぜなら格局の区別を行っていくうちに、どこか偏った究明方法が採用されてしまったからです。例えば、天干の構成だけを重視して発展していった『酔醒子集』を前衛にして、『滴天髄』や『欄江網』などの子平が隆盛して、子平の原典と言えば明代の子平が持てはやされたのです。

『酔醒子集』の「気象篇」には格局が玉石混交の如く造られ、その格局で解釈する子平とは別の方法で運命を論じようと啓蒙活動が盛んに行われたようです。『淵海子平』に収められている「喜忌篇」「継善篇」と同じように研究された子平賦の中に、確かに子平真数の財官で区別した十八格では語られなかった特殊な命式を論じ始めた部分があります。それが後の子平に大きな影響を与えたのではないでしょうか。果して『子平淵海』では、実際に格局をどのように区別していたのか？　なぜ『通變淵源』の方法が廃（すた）れてしまったのか？

『淵海子平』を一派とする子平推命の研究団体や故阿部泰山先生の著作も古典研究の成果はあると思われますが、源泉である徐大昇の『通變淵源』が世に現れた段階で、我々は新たな子平研究の土台を授かったと言え、これをどう正しく伝えていくべきかが今後の最大のテーマになるでしょう。

二〇十九年　己亥歳　四月八日 花まつりにて筆者記す

参考資料

『新雕註疏珞琭子三命消息賦三巻』『校正李燕陰陽三命二巻』李仝注　東方明疏　嘉祐四年己亥歳　1059年
『新編四家經解進珞琭子三命消息賦六巻』北宋　宣和五年辛丑歳　1123年
『子平三命通變淵源上下二巻』宋徐大昇撰　寶祐元年癸丑歳　1253年　韓国高麗大學蔵本、日本静嘉堂文庫蔵本（目録に不明記）
『袁天網五星三命指南』［唐］袁天網撰　香港　星易圖書
『両家註解玉井奥訣』題李虚中撰註　香港　星易圖書
『精校宋本五行精紀』［宋］寥中撰　平装2014年11月初版　香港　星易圖書
『三車一覧命書評論』［宋］方謙之撰　香港　心一堂
『應天歌』［宋］郭程撰　香港　心一堂
『續編星命總括新集』日本　国会図書館デジタルコレクション
『續編星命總括新集』［古朝鮮］存眞老人編　李常勝校訂　香港　星易圖書
『三車一覧子平淵源註解　附 子平三命通變淵源眉批本』［明］呂子固註　李鏘濤・莊圓校訂　香港 星易圖書　2017年
『子平百章歌』元佚名撰著・莊圓校訂・李鏘濤校閲香港星易圖書有限公司　2016年4月
『子平玄珠』明佚名撰　著莊圓校訂　李鏘濤校閲香港星易圖書有限公司　2015年5月
『醉醒子佚輯』明玉田王佺撰著　莊圓校訂・李鏘濤校閲香港星易圖書有限公司　2015年5月
『刻京臺增補淵海子平六巻』欽天監　承徳郎　李欽増補　明萬歴
『新刊合併官板音義評注淵海子平五巻』宋銭塘　東齊徐升編　明清江竹亭楊淙増校　明崇禎七（1634）年　海南出版社

２０００年10月
『星學正傳』明楊淙撰　日本　内閣文庫　明萬歴十（１５８２）年
『春秋占筮書』老古文化公司印行　１９８1年7月台湾初版
『善本易経』老古文化事業股份有限公司　１９８４年台湾二版
訳註　淵海子平　徐升編　竹中利貞訳註　サン企画　平成十一年三月吉日
『命理一得』〔民国〕徐樂吾著　台湾　洪氏出版社
【『正伝】子平推命の基礎』中西悠翠著／阿藤大昇監修　太玄社　２０１8年2月
『インド占星術の基礎体系Ⅰ・Ⅱ巻』K・Sチャラク著　本多信明訳　太玄社　２０２０年7月
『星平会海・七政命理篇・命理篇・造流年篇・ト相篇・風水篇』張明澄先生口述　張明澄記念館
『２０２1年度版九星開運暦』日本占術協会編　子平推命　半田晴詠著
『第４２回シンポジウム』「子平推命・宿命方位の方徳」半田晴詠著
『ゾクチェン瞑想マニュアル』―ボン教最高の瞑想法―　箱寺孝彦著　ナチュラルスピリット　２０１9年9月

付録

天干通変図

日生見＼直看	甲	乙	丙	丁	戊	己	庚	辛	壬	癸
甲	比肩	敗財 陽刃	食神	傷官	偏財	正財	七殺	正官	偏印	正印
乙	敗財	比肩	傷官	食神	正財	偏財	正官	七殺	正印	偏印
丙	偏印	正印	比肩	敗財 陽刃	食神	傷官	偏財	正財	七殺	正官
丁	正印	偏印	敗財	比肩	傷官	食神	正財	偏財	正官	七殺
戊	七殺	正官	偏印	正印	比肩	敗財 陽刃	食神	傷官	偏財	正財
己	正官	七殺	正印	偏印	敗財	比肩	傷官	食神	正財	偏財
庚	偏財	正財	七殺	正官	偏印	正印	比肩	敗財 陽刃	食神	傷官
辛	正財	偏財	正官	七殺	正印	偏印	敗財	比肩	傷官	食神
壬	食神	傷官	偏財	正財	七殺	正官	偏印	正印	比肩	敗財 陽刃
癸	傷官	食神	正財	偏財	正官	七殺	正印	偏印	敗財	比肩

地支造化図

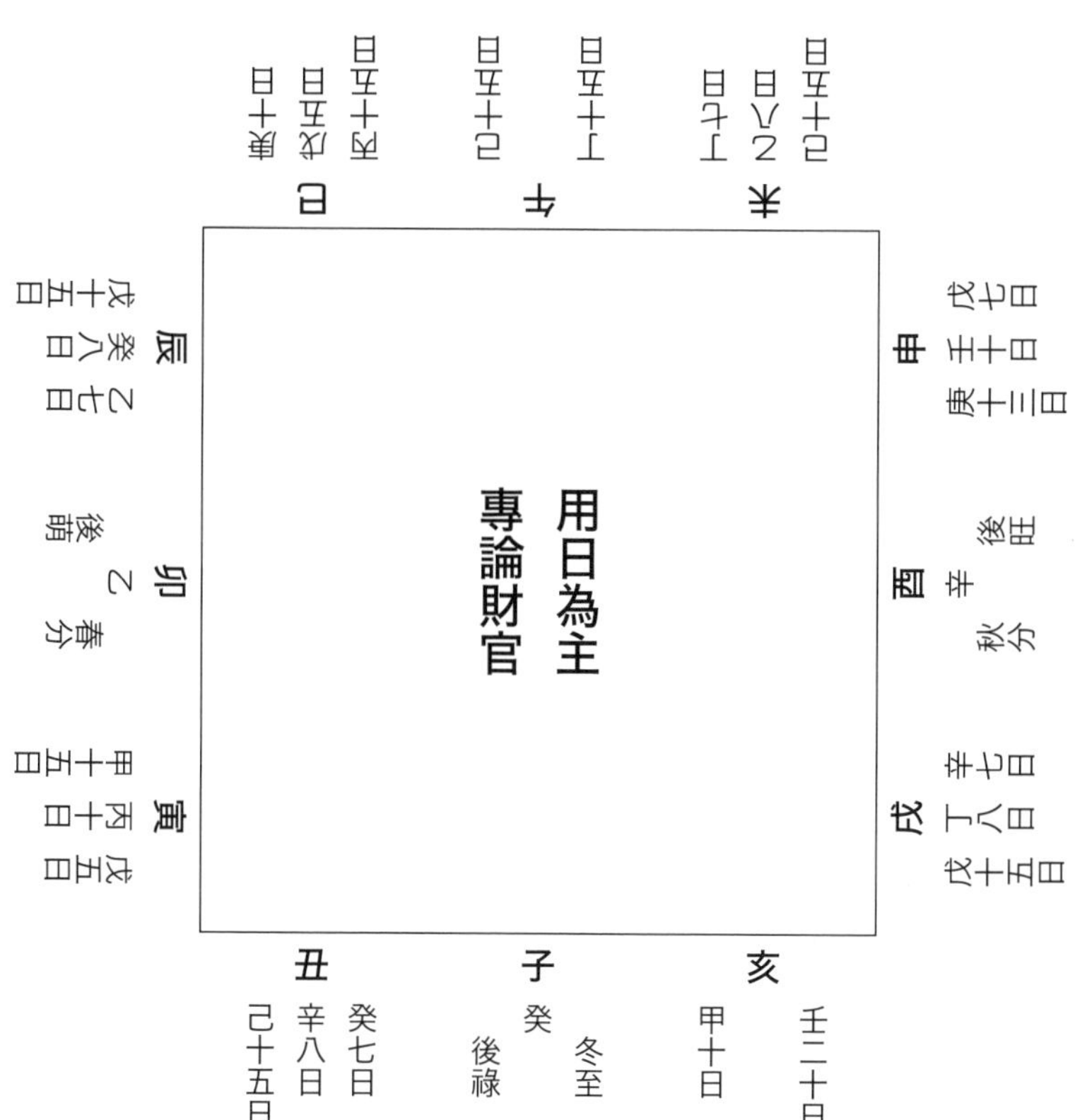
用日為主
専論財官
子 癸 冬至 後禄
丑 癸七日 辛八日 己十五日
寅 戊五日 丙十日 甲十五日
卯 乙 春分 後萌
辰 乙七日 癸八日 戊十五日
巳 丙十五日 戊五日 庚十日
午 丁十五日 己十五日
未 己十五日 乙八日 丁七日
申 戊七日 壬十日 庚十三日
酉 辛 秋分 後旺
戌 辛七日 丁八日 戊十五日
亥 壬二十日 甲十日

甲日の通変格局図

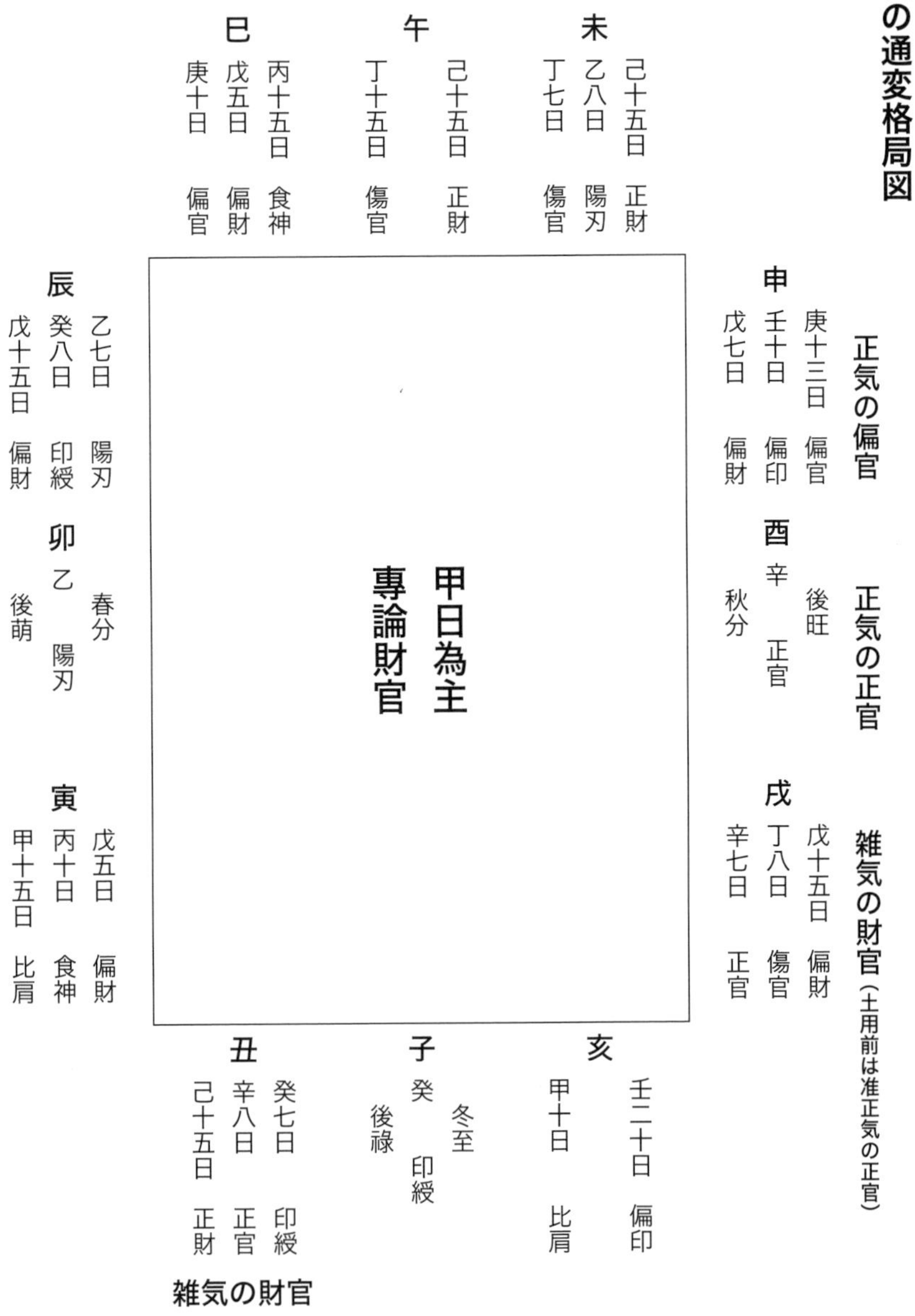

甲日為主　専論財官

未
- 己十五日　正財
- 乙八日　陽刃
- 丁七日　傷官

午
- 己十五日　正財
- 丁十五日　傷官

巳
- 丙十五日　食神
- 戊五日　偏財
- 庚十日　偏官

申　正気の偏官
- 庚十三日　偏官
- 壬十日　偏印
- 戊七日　偏財

酉　正気の正官
- 後旺
- 辛　正官
- 秋分

戌　雑気の財官（土用前は准正気の正官）
- 戊十五日　偏財
- 丁八日　傷官
- 辛七日　正官

亥
- 壬二十日　偏印
- 甲十日　比肩

子
- 冬至
- 癸　印綬
- 後祿

丑　雑気の財官
- 癸七日　印綬
- 辛八日　正官
- 己十五日　正財

辰
- 乙七日　陽刃
- 癸八日　印綬
- 戊十五日　偏財

卯
- 春分
- 乙　陽刃
- 後萌

寅
- 戊五日　偏財
- 丙十日　食神
- 甲十五日　比肩

乙日の通変格局図

乙日為主
専論財官

未
己十五日 偏財
乙八日 比肩
丁七日 食神

午
己十五日 偏財
丁十五日 食神

巳
丙十五日 傷官
戊五日 正財
庚十日 正官

正気の正官
申
庚十三日 正官
壬十日 印綬
戊七日 正財

正気の偏官
酉
後旺
辛 偏官
秋分

雑気の財官
戌
戊十五日 正財
丁八日 食神
辛七日 偏官

辰
乙七日 比肩
癸八日 偏印
戊十五日 正財

卯
春分
乙 比肩
後萌

寅
戊五日 正財
丙十日 食神
甲十五日 敗財

亥
壬二十日 印綬
甲十日 敗財

子
冬至
癸 偏印
後祿

丑
癸七日 偏印
辛八日 偏官
己十五日 偏財

雑気の財官

丙日の通変格局図

未
己十五日　傷官
乙八日　印綬
丁七日　陽刃

午
己十五日　傷官
丁十五日　陽刃

巳
丙十五日　比肩
戊五日　食神
庚十日　偏財

財官長生

申
庚十三日　偏財
壬十日　偏官
戊七日　食神

酉
後旺
辛　正財
秋分

戌
戊十五日　食神
丁八日　陽刃
辛七日　正財

丙日為主
専論財官

辰
乙七日　印綬
癸八日　正官
戊十五日　食神

卯
春分
乙　印綬
後萌

寅
戊五日　食神
丙十日　比肩
甲十五日　偏印

雑気の官星

亥
壬二十日　偏官
甲十日　偏印

子
冬至
癸　正官
後祿

丑
癸七日　正官
辛八日　正財
己十五日　傷官

正気の偏官　正気の正官　雑気の財官
（土用前は准正気の正官）

丁日の通変格局図

丁日為主
専論財官

未
己十五日 食神
乙八日 偏印
丁七日 比肩

午
己十五日 食神
丁十五日 比肩

巳
丙十五日 敗財
戊五日 傷官
庚十日 正財

財官長生

申
庚十三日 偏財
壬十日 偏官
戊七日 食神

酉
後旺
辛 正財
秋分

戌
戊十五日 食神
丁八日 陽刃
辛七日 正財

辰
乙七日 偏印
癸八日 偏官
戊十五日 傷官

雑気の官星

卯
春分
乙 偏印
後萌

寅
戊五日 傷官
丙十日 敗財
甲十五日 印綬

亥
壬二十日 正官
甲十日 印綬

正気の正官

子
冬至
癸 偏官
後祿

正気の偏官

丑
癸七日 偏官
辛八日 偏財
己十五日 食神

雑気の財官

戊日の通変格局図

戊日為主
專論財官

未　雑気の財官
己十五日　陽刃
乙八日　正官
丁七日　印綬

午
己十五日　陽刃
丁十五日　印綬

巳
丙十五日　偏印
戊五日　比肩
庚十日　食神

辰　雑気の財官（土用前は准正気の正官）
乙七日　正官
癸八日　正財
戊十五日　比肩

卯　正気の正官
春分
乙　正官
後萌

寅　正気の偏官
戊五日　比肩
丙十日　偏印
甲十五日　偏官

申
庚十三日　食神
壬十日　偏財
戊七日　比肩

酉
後旺
辛　傷官
秋分

戌
戊十五日　比肩
丁八日　印綬
辛七日　傷官

亥　財官長生
壬二十日　偏財
甲十日　偏官

子
冬至
癸　正財
後祿

丑
癸七日　正財
辛八日　傷官
己十五日　陽刃

己日の通変格局図

己日為主
専論財官

未（雑気の官星）
己十五日　比肩
乙八日　偏官
丁七日　偏印

午
己十五日　比肩
丁十五日　偏印

巳
丙十五日　印綬
戊五日　敗財
庚十日　傷官

申
庚十三日　傷官
壬十日　正財
戊七日　敗財

酉
後旺
辛　食神
秋分

戌
戊十五日　敗財
丁八日　偏印
辛七日　食神

亥（財官長生）
壬二十日　正財
甲十日　正官

子
冬至
癸　偏財
後祿

丑
癸七日　偏財
辛八日　食神
己十五日　比肩

辰（雑気の財官）
乙七日　偏官
癸八日　偏財
戊十五日　敗財

卯（正気の偏官）
春分
乙　偏官
後萌

寅（正気の正官）
戊五日　敗財
丙十日　印綬
甲十五日　正官

庚日の通変格局図

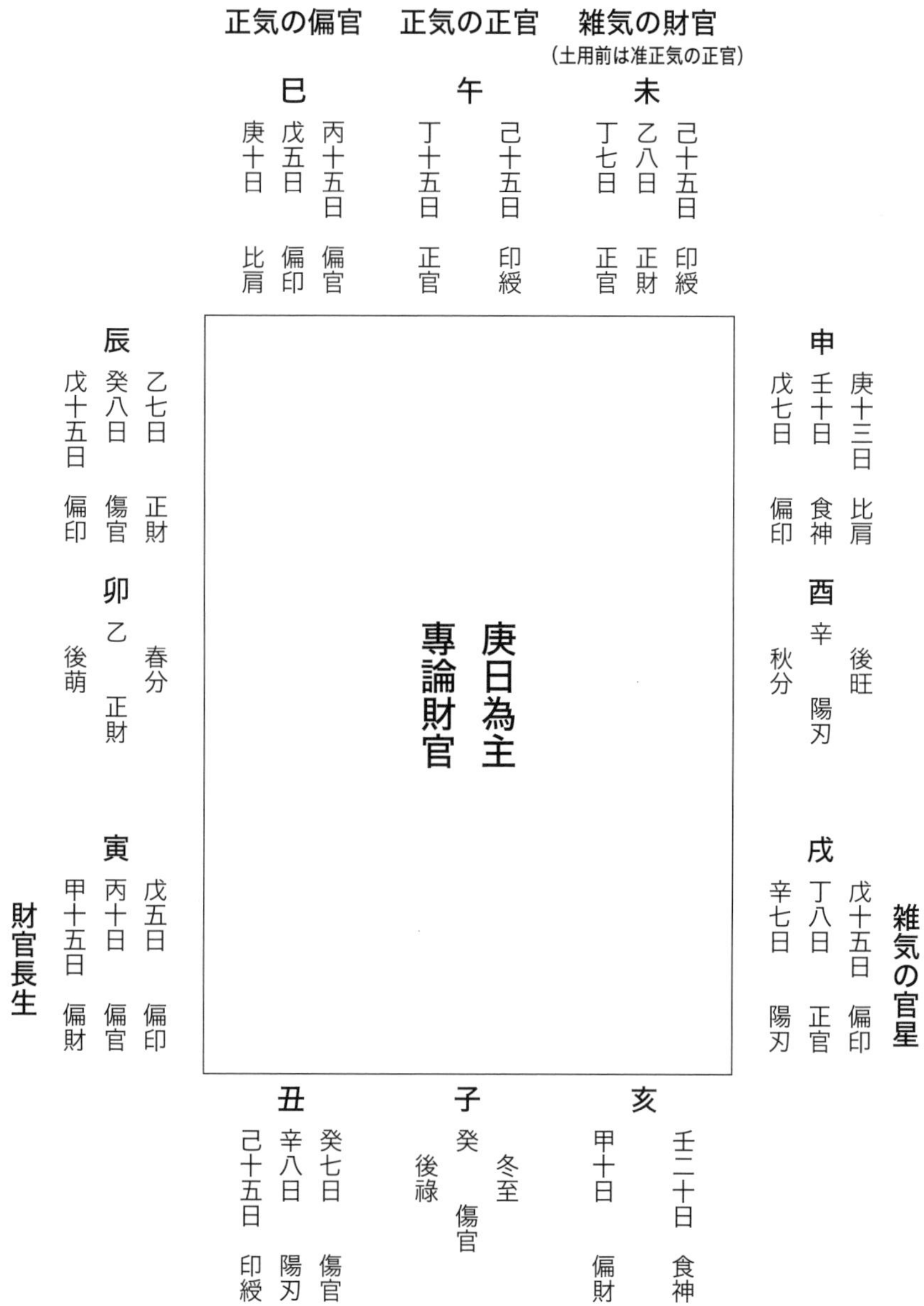

庚日為主
専論財官

雑気の財官
（土用前は准正気の正官）

未
己十五日　印綬
乙八日　正財
丁七日　正官

正気の正官

午
己十五日　印綬
丁十五日　正官

正気の偏官

巳
丙十五日　偏官
戊五日　偏印
庚十日　比肩

申
庚十三日　比肩
壬十日　食神
戊七日　偏印

酉
後旺
辛　陽刃
秋分

雑気の官星

戌
戊十五日　偏印
丁八日　正官
辛七日　陽刃

亥
壬二十日　食神
甲十日　偏財

子
冬至
癸　傷官
後禄

丑
癸七日　傷官
辛八日　陽刃
己十五日　印綬

辰
乙七日　正財
癸八日　傷官
戊十五日　偏印

卯
春分
乙　正財
後萌

寅
戊五日　偏印
丙十日　偏官
甲十五日　偏財

財官長生

辛日の通変格局図

雑気の財官
未
己十五日 偏印
乙八日 偏財
丁七日 偏官

正気の偏官
午
己十五日 偏印
丁十五日 偏官

正気の正官
巳
丙十五日 正官
戊五日 偏印
庚十日 劫財

申
庚十三日 劫財
壬十日 傷官
戊七日 印綬

酉
後旺
辛 比肩
秋分

辛日為主
専論財官

辰
乙七日 偏財
癸八日 食神
戊十五日 印綬

卯
春分
乙 偏財
後萌

雑気の官星
戌
戊十五日 印綬
丁八日 偏官
辛七日 比肩

寅
戊五日 印綬
丙十日 正官
甲十五日 正財

財官長生

亥
壬二十日 傷官
甲十日 正財

子
冬至
癸 食神
後祿

丑
癸七日 食神
辛八日 比肩
己十五日 偏印

壬日の通変格局図

正気の偏官	正気の正官	雑気の財官
巳	午	未
丙十五日 偏財	己十五日 正官	己十五日 正官
戊五日 偏官	丁十五日 正財	乙八日 傷官
庚十日 偏印		丁七日 正財

辰		申
乙七日 傷官		庚十三日 偏印
癸八日 陽刃		壬十日 比肩
戊十五日 偏官		戊七日 偏官
卯	壬日為主 專論財官	酉
春分		後旺
乙 傷官		辛 印綬
後萌		秋分
寅		戌（雑気の官星）
戊五日 偏官		戊十五日 偏官
丙十日 偏財		丁八日 正財
甲十五日 食神		辛七日 印綬

丑	子	亥
癸七日 陽刃	冬至	壬二十日 比肩
辛八日 印綬	癸 陽刃	甲十日 食神
己十五日 正官	後祿	

癸日の通変格局図

癸日為主
専論財官

地支	格	蔵干	通変
巳	正気の正官	丙十五日	正財
		戊五日	正官
		庚十日	印綬
午	正気の偏官	己十五日	偏官
		丁十五日	偏財
未	雑気の財官	己十五日	偏官
		乙八日	食神
		丁七日	偏財
申		庚十三日	印綬
		壬十日	敗財
		戊七日	正官
酉	後旺	辛	偏印
	秋分		
戌	雑気の財官	戊十五日	正官
		丁八日	偏財
		辛七日	印綬
亥		壬二十日	敗財
		甲十日	傷官
子	冬至	癸	比肩
	後祿		
丑		癸七日	比肩
		辛八日	偏印
		己十五日	偏官
寅		戊五日	正官
		丙十日	正財
		甲十五日	傷官
卯	春分	乙	食神
	後萌		
辰		乙七日	食神
		癸八日	比肩
		戊十五日	正官

神殺図

天徳

生月	子	丑	寅	卯	辰	巳	午	未	申	酉	戌	亥
	巽	庚	丁	坤	壬	辛	乾	申	癸	艮	丙	乙

月徳

生月	子	丑	寅	卯	辰	巳	午	未	申	酉	戌	亥
	壬	庚	丙	甲	壬	庚	丙	甲	壬	庚	丙	甲

天乙貴人（天魁）

日主	甲	乙	丙	丁	戊	己	庚	辛	壬	癸
夜貴人	丑	子	亥	酉	未	申	未	午	巳	卯
昼貴人	未	申	酉	亥	丑	子	丑	寅	卯	巳

※辰戌は魁罡で貴人が臨まない。

十干禄（天存）

日主	甲	乙	丙	丁	戊	己	庚	辛	壬	癸
	寅	卯	巳	午	巳	午	申	酉	亥	子

徐大昇の通変星の象意

通変	象意	星曜	五気吉	五気凶
正官	貴気の物、金紫之封	官星	貴気	殺気
偏官	小人、七殺、無知凶暴、不懲不戒	官星	貴気	殺気
正財	吾妻の財、精神康強、萎懦不振	財星	福気、財気	盗気
偏財	衆人の財、慷慨心、不甚吝財	財星	福気、財気	盗気
傷官	傷官傷尽、傲物気高	傷官星	秀気	洩気
食神	食禄の神	食神星	秀気	洩気
印綬	物、括嚢、多知慮、豊厚	印星	生気	縦気
陽刃	鬼人、鬼物、性剛果毅	陽刃星	助気	党気
金神	破敗の神、剛断明敏の才、馴伏不可	破敗星	勝気	敗気
魁剛	剛直	魁剛星	剛気	破気
雑気	埋蔵、多様性	雑気星	雑気	雑気
墓庫	埋蔵、少年不発の人	墓庫星	埋気	暗気

天魁	貴人	天魁星	貴気
天存	健全	天存星	豊気
天徳	天の助け、陽徳	天徳星	
月徳	月の助け、陰徳	月徳星	

成局の吉象意

官星は、試験に受かる、文章が上手、ステータスを上げる、俸禄、昇給、男性は後継者に恵まれる、女性は良きパートナーと成婚、謙虚で慎ましい、自己管理能力に富む。

財星は、企画経営、発想に富む、財産と地位の獲得、慷慨心に富む、男性は良き妻と結婚。

印綬は、名誉勲章、受賞、昇給、多くの経営や産業を成す、勉強ができる、学術研究等。

食傷は、温厚、表現が上手、才能に恵まれる、食禄、名誉、人気、女性は子供の誕生。

比肩と敗財は、統率力と独立心に富む、財禄の獲得、援助の恩恵、競技に優勝し金メダルを取る。

破局の凶象意

官殺は、地位の転落、名誉の剥奪、訴訟や裁判、犯罪、冤罪、難病、病気、変死、手術、突然死、死亡、存在が否定される。

財は、財的破綻、倒産、大怪我、大事故、父親や祖父との関係が悪くなる、妻子や部下の反発。官殺と組むと最悪の結末になる。

印綬は、名誉棄損、汚職、忠言を逆に聞く、目上を見放すか目上に見放される、自ら墓穴を掘る、身から出た錆、母親や祖母との関係が悪くなる。

食傷は、傍若無人、不人気、悪名、無駄遣い、危険性が高い、危ない橋を渡る、女性は子供との関係が悪くなる。財と組むとさらに悪さが倍増する。官殺と組むと訴訟が絶えない。

敗財と陽刃は、肉親との争い、突発的な災難、孤立無援、兄弟姉妹や親しい人と疎遠になる。印綬と組むとさらに悪くなる。

【著者紹介】

阿藤 大昇（あとう・だいしょう）

1961年生まれ。長野県出身。明治大学文学部文学科フランス文学専攻を卒業。

五術研究家、中国占術家。十代後半より、五術の研究に傾倒する。古典の原書や門派の研究を行い、子平推命、紫薇斗数、断易、六壬、奇門遁甲、風水等を習得する。

五術は、一般に民間において発達したものであるが、もとは中国の伝統ある哲学思想の一ジャンルであったものであり、一学術として社会認知するための研究会「中國五術研究發展協會」を主宰し、五術の学術面と実用面の執筆、講義、鑑定等の普及活動を行っている。

既刊に『子平の研究』『透派子平大法』『三命奇談滴天髄』『子平管見』『子平の体系』『継善編の研究（正統子平推命）』中國五術研究發展協會著作集、『四柱推命（子平推命）通信講座初級教本、初級問題集（日本占術カウンセリング学院刊）』がある。

子平推命の真髄を幻の原典から解き明かす
【詳解】真伝 子平三命通變淵源

2021年6月6日　初版発行

著　者——阿藤大昇（あとう・だいしょう）
装　幀——中村吉則
編　集——初鹿野剛
本文DTP——Office DIMMI

発行者——今井博揮
発行所——株式会社太玄社
TEL 03-6427-9268　FAX 03-6450-5978
E-mail：info@taigensha.com　HP：https://www.taigensha.com/

発売所——株式会社ナチュラルスピリット
〒101-0051　東京都千代田区神田神保町3-2　高橋ビル2階
TEL 03-6450-5938　FAX 03-6450-5978

印刷————モリモト印刷株式会社

ISBN 978-4-906724-68-0 C0011
Printed in Japan